ESPÍRITU SANTO

¿SOMOS INFLAMABLES O A PRUEBA DE FUEGO?

REINHARD BONNKE

Australia • Brasil • Canadá • Alemania • Hong Kong • Singapur
Sudáfrica • Reino Unido • Estados Unidos

ESPÍRITU SANTO: ¿Somos inflamables o a prueba de fuego?

Publicado por Cristo para todas las Naciones
PO Box 590588
Orlando, FL 32859-0588
CfaNLatino.org

ESPÍRITU SANTO: ¿Somos inflamables o a prueba de fuego?
ISBN: 978-1-933446-54-7 (Español rústica)
ISBN: 978-1-933446-55-4 (Español digital)

HOLY SPIRIT: Are we Flammable or Fireproof?
ISBN: 978-1-933446-52-3 (English paperback)
ISBN-13: 978-1-933446-53-0 (English e-book)

Editado por Solomon and Michelle Ofori-Ansah
PrimeDoor Media and Marketing PrimeDoor.org
Traducción por Belmonte Traductores
Diseño interior por Grupo Nivel Uno Inc.
Diseño de Cubierta por DesignstoGo.net

Impreso en los Estados Unidos de América

Antes de comenzar a leer este libro, por favor agarre algunos MARCADORES y marque aquello que sea de bendición para usted.

¿Puedo pedirle un favor? Si ha sido bendecido, por favor prometa que recomendaría este libro a sus amigos.

¡CARRO DE FUEGO!

El evangelismo es un carro de fuego con un mensajero ardiente ¡predicando un evangelio abrasador sobre ruedas de fuego! Permita que el Espíritu Santo convierta su ministerio en el carro de Él.

DEDICATORIA

Dedico es te libro a mi querida esposa Anni, quien ha estado fielmente a mi lado en el matrimonio, la familia y el ministerio global durante más de 53 años.

La semana pasada, le dije: "Cuando te miro a los ojos, veo el amanecer".

Cuando comenzamos nuestra vida juntos, escogimos el versículo en Salmos 113:3: "Desde el nacimiento del sol hasta donde se pone, sea alabado el nombre de Jehová".

REINHARD BONNKE

ÍNDICE

PREFACIO

Me invitaron a predicar en una reunión cristiana donde la gente no creía en el poder del Espíritu Santo. De repente, en medio de mi reunión cayó el Espíritu Santo, y las personas se alegraban, siendo llenas del Espíritu y alabando. Cuando miré a la multitud, justo en medio había tres o cuatro personas que no habían sido tocadas en lo más mínimo. Tenían los ojos abiertos y estaban mirando a su alrededor en lugar de participar del evento sobrenatural. Y entonces vino a mi corazón la idea de que esas personas debían ser *cristianos de asbesto*. Eran a prueba de fuego, incluso cuando el fuego del Espíritu Santo cayó. Quiero decirle que yo personalmente soy inflamable para Dios. Quiero arder con el fuego del Espíritu Santo y llevar una antorcha encendida hasta el final de mi vida. Aquella experiencia me dio el título de este libro. Y hoy planteo esta pregunta: ¿somos inflamables o a prueba de fuego?

INTRODUCCIÓN

El libro de Hechos se lee mejor que cualquier novela moderna. Tiene personajes claramente definidos, algunos en papeles principales y otros como secundarios. Tiene acción, aventura, triunfo y tragedia. Las escenas cambian de Jerusalén a Damasco, a Antioquía y a Roma, desde celdas de prisiones hasta naufragios. Nos encontramos con el viento del Espíritu Santo y con los sencillos apóstoles envalentonados que obraban milagros fenomenales y desconcertaron a líderes de gobierno de su tiempo. Sin embargo, estos grandes apóstoles no siempre fueron distinguidos ni siempre actuaron con nobleza.

Me quedé asombrado cuando leí en Marcos 16:8 que los discípulos, antes de que Jesús ascendiera al cielo, no creyeron. La misma incredulidad se encuentra en Marcos 16:11. Después, dos versículos más adelante en el versículo 13, leemos las palabras: *y ni aún a ellos creyeron*. ¡Eran un puñado de incrédulos! Pero lo que más me sorprende es el hecho de que en el siguiente versículo, el versículo 15, Jesús dijo a estos creyentes temerosos e incrédulos: "Id por todo el mundo y predicad el evangelio a toda criatura". Si yo hubiera estado allí, por favor permítame decir esto, me habría acercado a Jesús por detrás y le habría susurrado al oído: "Maestro, Señor, ¿no sabes que los discípulos a los que acabas de entregarles la Comisión Suprema son un puñado de incrédulos? Nunca serán capaces de hacerlo". Creo que Jesús se habría dado la vuelta, habría puesto su dedo en sus labios y me habría dicho en voz baja: "Bonnke, lo que no sabes es que tengo un secreto".

¿Cuál fue el secreto? Algo ocurrió entre el versículo 14 y el versículo 20. En el versículo 20 leemos: "Y ellos, saliendo, predicaron en todas partes, ayudándoles el Señor y confirmando la palabra con las señales que la seguían. Amén". ¿Qué ocurrió entre el versículo 14 y el versículo 20? Cronológicamente, sucedió el capítulo 2 de Hechos. Los discípulos dejaron la debilidad y llegaron al poder de hacer lo que Jesús les había pedido ejecutar después de su ascenso al cielo: "pero recibiréis poder, cuando haya venido sobre vosotros el Espíritu Santo, y me seréis testigos en Jerusalén, en toda Judea, en Samaria, y hasta lo último de la tierra" (Hechos 1:8). Del mismo modo, todos podemos dejar la debilidad y entrar en el poder inagotable.

El poder es la esencia del testimonio cristiano. No es un accesorio del evangelio. No es la campanita de una bicicleta, ¡sino toda la maquinaria! No se encuentra en ningún momento ni un solo indicio de que algunos discípulos carecieran de poder. Para ser directo, el cristianismo o es sobrenatural o no es nada. Teníamos, y aún tenemos, a un Jesús sobrenatural, con un ministerio sobrenatural, creando una Iglesia sobrenatural, con un evangelio sobrenatural y una Biblia sobrenatural. Quite lo milagroso y habrá quitado la esencia del cristianismo. La Iglesia se convierte en una sociedad ética o un club social cuando su verdadera intención es la de ser el sistema de redes mediante el cual transmitir el poder de Dios a este mundo impotente. ¡Usted y yo somos los conductores del poder de Dios para el mundo!

El Espíritu Santo y el evangelio del amor redentor de Cristo están inseparablemente unidos en el manojo de la vida. Si quiere ver el poder de Dios, entonces ignore todas las técnicas, la manipulación y la psicosugestión, ¡y simplemente predique la Palabra! Es ahí donde el poder de Dios se libera, justamente en el evangelio. Yo nunca extraigo solo una cosa del cofre de tesoros de Dios. Yo proclamo el evangelio completo, el cual contiene todo lo que necesitan lo seres humanos: salvación, perdón, paz sanadora, esperanza y liberación.

He escrito para usted algunas enseñanzas fuertes sobre el Espíritu Santo, y he incluido algunos Puntos de Poder dinámicos sobre el Espíritu Santo (PUNTOS DE FUEGO). Quiero desafiar sus ideas con respecto al Espíritu Santo e inspirarle a que crea en el asombroso poder del Espíritu en su interior. Hay un poder dinámico y resucitador dentro de usted. Dios lo ha puesto a disposición de cada creyente. No hay excusa para la debilidad contra el pecado o el mal. En definitiva, todo lo podemos en Cristo que nos fortalece (Filipenses 4:13).

A decir verdad, este libro resume los secretos de mi vida y ministerio. Sé de cierto que si aplica estos principios, producirán lo mismo en usted.

Multitudes han sido bautizadas en el Espíritu Santo durante nuestras campañas evangelísticas, y de manera regular somos testigos de poderosas manifestaciones del poder y el amor de Dios. Quiero explicar el entendimiento que he obtenido de estos eventos. Mi autoridad final es siempre la Biblia. Ciertamente, la experiencia me ha ayudado a entender las cosas del Espíritu, pero como escribió Pedro, "todas las cosas que pertenecen a la vida y a la piedad nos han sido dadas por su divino poder" (2 Pedro 1:3). La Biblia valida la experiencia. Al compartir la comprensión que tengo de las cosas del Espíritu, intento mostrar que mis conclusiones han llegado por la Palabra, iluminadas por lo que he visto.

RÁPIDO FUEGO DEL EVANGELIO

Porque no me avergüenzo del evangelio, porque es poder de Dios para salvación a todo aquel que cree; al judío primeramente, y también al griego.

ROMANOS 1:16

QUITE EL SEGURO

El evangelio es la única pistola que hace revivir a un hombre muerto cuando se dispara.

DOCUMENTOS FUNDACIONALES

La Biblia es la constitución del Reino de Dios. No hay mayoría de ningún parlamento en la tierra, no hay gobierno terrenal o Corte Suprema que pueda cambiarla. El voto democrático o el consenso no decide la verdad de la Biblia. "Para siempre, oh Jehová, permanece tu palabra en los cielos" (Salmos 119:89). Jesús dijo: "Yo soy... la verdad" (Juan 14:6).

TITULARES

El evangelio, cuando se predica, ¡se produce! Se convierte en un evento.

DESATE EL FUEGO

No defendemos el evangelio con alambres de púas. El evangelio se defiende mejor cuando se expone a sus enemigos. Sabe cómo abordarlos.

ROCA SÓLIDA

La Palabra de Dios es una roca sólida, no una pila de piedrecitas que es una colección de opiniones cristianas.

EMBAJADORES

El evangelio no es una enmienda para mejorar una resolución humana. Por muy humilde que sea el predicador del evangelio, realmente es un oficial de la Corona, que habla con la autoridad del Reino de Dios. "Somos embajadores en nombre de Cristo" (2 Corintios 5:20).

NO HAY MALAS NOTICIAS

El evangelio no es una palabra de juicio. Es una ALEGRE noticia, no MALAS noticias. Cristo es la resurrección y la vida.

SIEMPRE FRESCO

El evangelio no es una historia que ha sido preservada como la historia de Alejandro Magno. No es una reliquia momificada del pasado. No existe tal cosa como la electricidad antigua o el viento antiguo, y no existe tal cosa como un evangelio antiguo.

ATEMPORAL

La Palabra de Dios es tan atemporal como la vida. No es una antigüedad que necesita preservarse. Dios preserva a la Iglesia. "Porque en él vivimos, y nos movemos, y somos" (Hechos 17:28).

GRANADA DEL EVANGELIO

Cuando se combinan la fe y el testimonio, se produce algo parecido a una explosión. Pablo dijo que el evangelio es "poder de Dios" (Romanos 1:16).

SEGURIDAD NACIONAL

El evangelio es nada menos que un salvador de la nación. Es un cargador eléctrico para las naciones, diseñado para poner una carga dinámica en toda la vida. ¡Jesús salva!

PUNTOS DE FUEGO

SECCIÓN 1:

LO MÁS DESTACADO DEL ESPÍRITU SANTO

DIOS DE MARAVILLAS

"Y entrando él en la barca, sus discípulos le siguieron. Y he aquí que se levantó en el mar una tempestad tan grande que las olas cubrían la barca; pero él dormía. Y vinieron sus discípulos y le despertaron, diciendo: ¡Señor, sálvanos, que perecemos! El les dijo: ¿Por qué teméis, hombres de poca fe? Entonces, levantándose, reprendió a los vientos y al mar; y se hizo grande bonanza. Y los hombres se maravillaron, diciendo: ¿Qué hombre es éste, que aun los vientos y el mar le obedecen?".

MATEO 8:23-27

MEGETHOS: POTENCIA IMPARABLE

Mediante el bautismo del Espíritu Santo, todos tenemos acceso a un poder de resurrección para levantar a los muertos. Una iglesia sin poder es una deshonra. El Espíritu Santo está siempre en el acto cuando usted actúa para Dios. Si no trabaja para Dios, no necesita poder, y no se dará ningún poder. Pero cuando es bautizado en el Espíritu, la potencia es imparable.

PABLO ORA POR LOS EFESIOS (1:18-20, NVI) PARA QUE "LES sean iluminados los ojos del corazón para que sepan... cuán incomparable es la grandeza de su poder A FAVOR DE LOS QUE CREEMOS. Ese poder es la fuerza grandiosa y eficaz que Dios ejerció en Cristo cuando lo resucitó de entre los muertos". Pablo usa una palabra aquí para describir la grandeza de los recursos disponibles: *megethos*. La bomba nuclear se mide en "megatones". Pero Pablo va más allá y habla de "hiper *megethos*" o súper grandeza. Así es como deberíamos medir nuestra eficacia en el servicio cristiano, y ese es el recurso disponible para cada uno de los siervos de Dios.

SUCEDE LO IMPOSIBLE

La naturaleza divina no es solo sobrenatural, sino también milagrosa. El poder de Dios, su amor y bondad trascienden toda materia. Donde está la presencia de Dios, espere luz, vida y excelencia: las montañas se rebajan, los valles se alzan y lo torcido se endereza (Isaías 40:4). No existe la palabra imposible en el diccionario de Dios.

CUANDO DIOS ESTÁ ALREDEDOR SUCEDE LO IMPOSIBLE. ES SU sello distintivo. La creación misma comenzó cuando Él pasó. Job habla del universo como "¡Y esto es solo una muestra de sus obras"

(Job 26:14, NVI), como una marca dejada al caminar sobre hierba mojada. Sucedía lo mismo con Jesús. Uno podía saber cuándo había pasado por una aldea judía. ¡No quedaban personas enfermas! Donde Él está, no es un problema caminar sobre las olas, sanar a los enfermos o alimentar a 5.000 personas con la merienda de un niño. Sencillamente sucede; los elementos se postran a su voluntad. "Y sabemos que Dios hace que TODAS las cosas cooperen para el bien de quienes lo aman..." (Romanos 8:28, NTV).

EL MILAGROSO ESPÍRITU SANTO

> *Dios no solo es sobrenatural; es milagroso por naturaleza, y sucede lo mismo con su Espíritu. Todo acerca de Él es milagroso, y también todo lo que Él hace. Tener al Espíritu es esperar lo milagroso, creer en el Espíritu es creer en lo milagroso, y caminar con el Espíritu es moverse y obrar en lo milagroso. ¡Usted está hecho para las señales y los prodigios!*

EL ÚNICO ESPÍRITU QUE JESÚS NOS PROMETIÓ ES EL ESPÍRITU milagroso: el Espíritu Santo. No hay un Espíritu Santo que no sea milagroso. Afirmar poseer el Espíritu Santo y negar la obra que siempre le ha distinguido no puede hacer otra cosa que entristecer al Espíritu. Él comenzó con la maravilla física suprema de crear el mundo. Él no cambia su naturaleza. Lo que era, lo es y siempre lo será: Dios operando sobre la escena terrenal. "YO SOY EL QUE SOY" (Éxodo 3:14). El Espíritu Santo, que hizo el mundo de forma sobrenatural, no debería tener problemas en continuar actuando sobrenaturalmente.

MÁS ALLÁ DE SUS EXPECTATIVAS

Caída, débil y humana, nuestra tendencia natural es dudar y racionalizar las cosas del Espíritu, pero en Cristo Jesús, nuestro espíritu es renacido. Ahora tenemos fe para vivir en lo sobrenatural y creer en lo milagroso. No deje que su estado natural o sus circunstancias físicas le dejen sin su milagro.

DIOS CREÓ EL ORDEN NATURAL Y ACTÚA MEDIANTE LA LEY natural. Él no está ni atado ni limitado por esas leyes ni por nuestras debilidades. Él puede superar nuestras expectativas e incluso nuestros sueños más osados (Efesios 3:20). Y podemos confiar en esto. A fin de cuentas, "Dios no es un simple mortal para mentir y cambiar de parecer. ¿Acaso no cumple lo que promete ni lleva a cabo lo que dice?" (Números 23:19, NVI).

BAUTIZADOS EN FUEGO

Yo a la verdad os bautizo en agua para arrepentimiento; pero el que viene tras mí, cuyo calzado yo no soy digno de llevar, es más poderoso que yo; él os bautizará en Espíritu Santo y fuego.

MATEO 3:11

TOTALMENTE BAÑADOS

El bautismo del Espíritu es una inmersión completa de todo su ser, espíritu, alma y cuerpo, en el Espíritu Santo. No es algo parcial, simbólico o temporal. Cada parte de su ser está mojada y totalmente bañada en su precioso Fuego Líquido, permanentemente. No es un evento puntual, como lo es el bautismo en agua. Es una experiencia continua que cambia toda su naturaleza y sus entornos.

ALGUNAS PERSONAS QUIEREN UN CRISTIANISMO DE HELADO, FRÍO PERO bonito. Quieren que sus iglesias sean como museos. Pero la iglesia no es un congelador. Es la casa del Padre. El Espíritu Santo nos calienta para la casa del Padre.

DOTADOS DEL ESPÍRITU DEL PROFETA

Abraham, Moisés, Josué, Débora, Elías y Eliseo, todos estos nombres inspiran asombro y maravilla, pero eran humanos con pasiones como las suyas y las mías (Santiago 5:17). El mismo Espíritu que estaba sobre ellos está en nosotros. Nosotros no recibimos un Espíritu o una experiencia de segunda categoría, y no deberíamos esperar un resultado de segunda categoría.

EL BAUTISMO EN EL ESPÍRITU DOTA A LOS CREYENTES DEL Espíritu de los profetas. Cuando los profetas experimentaban a Dios sobrenaturalmente, lo llamaban el Espíritu de los profetas. Joel 2:28 prometió que el mismo Espíritu de los profetas sería derramado sobre toda carne. Personas de todo tipo profetizarían, no solo un individuo aquí o allá.

UN CABLE ELÉCTRICO PARECE INOFENSIVO HASTA QUE SE TOCA

El Reino de Dios ha venido, y nosotros tenemos las llaves. Puede parecer ordinario, inofensivo o que no tiene consecuencias, pero no se equivoque, estamos llenos de poder, el poder del Espíritu Santo, y somos vitales para el plan redentor de Dios. Nuestras lenguas tienen el poder de impactar destinos y cambiar el curso de los eventos, y en nuestras manos llevamos el bálsamo sanador de Galaad.

CUANDO SE DESCUBRIÓ LA ELECTRICIDAD, LA MAYORÍA DE los observadores la consideraban una divertida novedad. Hace doscientos años, pocas personas podían concebir el potencial del poder de la electricidad para impulsar la industria e iluminar ciudades enteras. Cuando las personas hablan en otras lenguas, es una señal del potencial del poder del Espíritu Santo. Podemos derivar nuestra confianza en lo que Dios puede hacer de la manifestación del Espíritu. El Espíritu de Dios no se limitará a incidentes aislados sino que calará todo nuestro ministerio si se lo permitimos. ¿Parece inofensivo? Puede que los cristianos parezcan inofensivos, pero le ocurre lo mismo a un cable eléctrico: hasta que se toca.

RECIBIRÉIS PODER

"Entonces los que se habían reunido le preguntaron, diciendo: Señor, ¿restaurarás el reino a Israel en este tiempo? Y él les dijo: No os toca a vosotros saber los tiempos o las sazones, que el Padre puso en su sola potestad; pero recibiréis poder, cuando haya venido sobre vosotros el Espíritu Santo, y me seréis testigos en Jerusalén, en toda Judea, en Samaria, y hasta lo último de la tierra".

HECHOS 1:6-8

EXUBERANCIA

Jesús dijo: "Pero recibiréis poder, cuando haya venido sobre vosotros el Espíritu Santo" (Hechos 1:8). Sin esa vitalidad, tenemos una religión secularizada, razonada e inofensiva. La contemplación mística no se parece en nada al dinamismo del Nuevo Testamento; el quietismo es para los budistas, no para los cristianos. ¡No se frene!

EL EMPODERAMIENTO DEL ESPÍRITU SANTO HA DE SER LA MANERA normal de operar de los cristianos. Ser lleno del Espíritu se ve que tuvo un efecto o "poder" (*dunamis*) dinámico y vigorizador en el Nuevo Testamento y en las vidas de millones de personas desde entonces. Hay muy pocos versículos que sugieran que el Espíritu Santo viene sobre los hombres como un soplo callado, discreto e imperceptible. Por lo general es muy perceptible. Las manifestaciones del Espíritu incluyen fuego, viento, ruido, maravillas, señales externas, poder y efectos visibles.

PODER PARA PREVALECER

El Espíritu Santo no es una súper droga, un tranquilizante o un estimulante. Él no viene para darnos una experiencia emocional, pero no nos equivoquemos: su presencia conmueve el corazón. La vida es dura. Dios envía su poder a personas en situaciones duras. Él es la fuerza vital original con la intención de empoderarnos para vivir de forma victoriosa, abundante, y para ser un testigo al mundo.

"SERÉIS BAUTIZADOS CON EL ESPÍRITU SANTO DENTRO DE NO muchos días... Pero recibiréis poder, cuando haya venido sobre vosotros el Espíritu Santo" (Hechos 1:5, 8). ¿Podría suceder en nuestro tiempo? Bueno, me ocurrió a mí. No se me ocurre otra cosa más maravillosa para los seres humanos que eso. Significa ser lleno de Dios. No es "tener un subidón" con Dios, una especie de euforia, felicidad que atolondra, todo espuma. Se trata de una verdadera capacitación, fortaleza de carácter, sanidad en el cuerpo, protección divina, sabiduría y un aumento de inteligencia, favor y todo lo bueno que necesitamos para vivir esta vida.

PODER PARA LA MARATÓN

> *Aunque es preciosa, no nos ganamos la unción como un atleta de élite recibe una medalla de oro olímpica. Al igual que nuestra salvación, recibimos el Espíritu por fe, no porque somos dignos o lo merecemos, sino para capacitarnos para ser un testigo de Cristo.*

EL PODER DEL ESPÍRITU SANTO NO VIENE COMO UN PREMIO. El poder no es un trofeo al final de una maratón. Necesitamos poder al comienzo si vamos a correr la maratón para Dios. Puede que tengamos una desgracia, quizá tropezamos en nuestro caminar, pero eso hace que sea muy necesario que recibamos el Espíritu Santo. Él no se nos da con la condición de que seamos perfectos. Se nos da porque no somos perfectos. Él ha venido porque lo necesitamos, para lo mejor y lo peor de nosotros. Tan solo repita en su corazón: "Espíritu Santo, ¡realmente te necesito!". Su respuesta es inmediata: Él está ahí.

AYUDA CONSTANTE

"Y yo rogaré al Padre, y os dará otro Consolador, para que esté con vosotros para siempre".

JUAN 14:16

EL ESPÍRITU SANTO OMNIPOTENTE ACTÚA A TRAVÉS DE NOSOTROS

> *El Espíritu Santo es el Espíritu de Dios, el Espíritu de Jesucristo. Él es Dios. No reforzamos al Espíritu Santo con la oración, pues Él ya es omnipotente sin nuestra ayuda. Sin embargo, la Escritura dice que debemos orar en el Espíritu (Efesios 6:18).*

EL ESPÍRITU SANTO ES DIOS, LA TERCERA PERSONA DE LA TRINIDAD. Él es omnipotente, omnisciente y omnipresente. Él no necesita nuestra ayuda, pero decide usarnos, trabajar con nosotros, a través de nosotros y para nosotros porque nos ama. La oración no ayuda a Dios; nos ayuda a nosotros a trabajar con Dios, rindiéndonos a Él y permitiéndole tomar su lugar como Señor de nuestra vida, Libertador y Salvador. Qué honor se nos ha concedido al darnos la gracia de tener el prestigio de ser agentes de un Dios bueno, santo y misericordioso. En un mundo lleno de dolor y sufrimiento, nosotros ofrecemos salvación.

DIOS QUIERE TRABAJAR PARA USTED

> *Muchos están trabajando para Dios, cuando Dios quiere trabajar para ellos. Él no quiere que trabajemos tanto que caigamos muertos por Él. El trabajo del ministerio es vital, incluso crítico, y es sensible al tiempo. Sin embargo, Dios quiere que encontremos tiempos para descansar y estar con la familia y los amigos, disfrutando de las cosas buenas que se nos han dado gratuitamente.*

UNA VEZ VI UNA LÁPIDA CON EL NOMBRE DE UN HOMBRE Y un epitafio: "Su vida solo consistió en trabajo". Yo musité: "Ese es un epitafio para una mula, no para un hombre". Dios no quiso que fuésemos bestias de carga o que trabajásemos como robots. Él pudo crear caballos de carga en abundancia, si eso es lo que hubiera querido. Pero cuando el Señor pensó en usted y en mí, tenía en mente algo distinto a los esclavos: hijos, y no vagonetas.

NO LO LIMITE A ÉL

"¡Cuántas veces se rebelaron contra él en el desierto, lo enojaron en el yermo! Y volvían, y tentaban a Dios, Y provocaban al Santo de Israel. No se acordaron de su mano, del día que los redimió de la angustia; cuando puso en Egipto sus señales, y sus maravillas en el campo de Zoán".

SALMOS 78:40-43

NO HAY SUSTITUTO

> *El Espíritu Santo no tiene sustituto. Él es la vida en el predicador y el poder en el sermón, el imán divino que atrae almas a la Iglesia. El Espíritu de Dios es su propio anunciante, y si le permitimos ocupar su lugar en la Iglesia y edificarla, las puertas del infierno no prevalecerán contra ella. Veremos crecimiento.*

CUANTO MENOS OPERACIÓN DEL ESPÍRITU SANTO TENGAMOS, MÁS PASTEL y café necesitamos para mantener la iglesia funcionando. No tengo nada en contra del pastel y el café, pero la verdad es que el Espíritu Santo no tiene sustituto. Su presencia y sus obras hablan por sí mismas.

EL MUNDO ENTERO PARA JESÚS

> *El Espíritu Santo hace posible el evangelismo. Sin el Espíritu Santo, la Gran Comisión es solo un sueño imposible. Pero con el ímpetu y la participación del Espíritu Santo, predicar el evangelio a toda criatura no es un sueño ideal. Es una visión factible.*

AL COMIENZO DEL ÚLTIMO SIGLO, LAS MANIFESTACIONES del Espíritu Santo aumentaron drásticamente como en Hechos 2. Desde los Estados Unidos se extendieron hasta Europa, Asia y por todo el mundo. Mi pregunta es, si en los últimos 100 años, 20 personas encendidas por Dios pudieron llevar a 800 millones de almas a la salvación, ¿cuántas almas llevarán a la salvación esos 800 millones? ¡Con Dios, ni siquiera el cielo es el límite!

“VEO A JESÚS EN SUS OJOS”

El Espíritu Santo ha establecido residencia en usted y quiere moverse en su vida con poder. Él quiere conectar con cada miembro de su ser y con cada facultad de su alma. Ríndase, su lengua, su cuerpo, su mente, su voluntad e incluso sus ojos, y la gente lo verá a Él en usted.

HACE AÑOS, MI MINISTRO DE MÚSICA Y YO ESTÁBAMOS COMPRANDO un teclado nuevo. Era mediodía cuando entramos en una gran tienda de música en Johannesburgo, Sudáfrica. El vendedor no se percató de nuestra presencia mientras probábamos todos los teclados. De repente, apareció el vendedor. Parecía estar en estado de shock mientras me decía, con los ojos abiertos como platos: “Señor, puedo ver a Jesús en sus ojos”. ¿Qué? El Espíritu Santo había entrado en esa tienda. Olvidamos el asunto del teclado y tuvimos un avivamiento. Pero cuando caminaba de regreso a mi automóvil, seguía diciendo: “Señor, nunca lo entenderé. ¿Cómo es posible que un completo desconocido se acerque a mí y diga: ‘Puedo ver a Jesús en sus ojos’?”. De repente, el Espíritu Santo me habló y me dijo: “Jesús vive en tu corazón, y a veces LE GUSTA ASOMARSE POR LAS VENTANAS”. Yo me reí y lloré. ¡Qué verdad tan gloriosa! Entendí su punto. Años después conocí a la esposa del vendedor, la cual me dijo que su esposo había seguido a Jesús durante el resto de su vida. Gloria a Dios.

DARLO TODO POR JESÚS

"Por tanto, nosotros también, teniendo en derredor nuestro tan grande nube de testigos, despojémonos de todo peso y del pecado que nos asedia, y corramos con paciencia la carrera que tenemos por delante, puestos los ojos en Jesús, el autor y consumador de la fe, el cual por el gozo puesto delante de él sufrió la cruz, menospreciando el oprobio, y se sentó a la diestra del trono de Dios".

HEBREOS 12:1-3

PÚBLICO Y NO PRIVADO

¿Nos avergonzamos del evangelio? Pablo no lo hacía. Él se rasuró la cabeza para mostrar que había hecho un voto (Hechos 21:24). La gente lo notaría: un apóstol con la cabeza rapada. ¡Pero ÉL NO SE AVERGONZABA! ¡Había hecho un juramento para hacer algo por Dios! ¿Por qué no hacerlo nosotros, que somos creyentes bautizados con fuego?

CUANDO LOS 120 SALIERON DEL APOSENTO ALTO, ¡ERAN DIStintos! Fueron sellados, cambiados, y ese cambio era notable. ¿Cómo son las personas que salen de nuestras iglesias el domingo por la mañana? Imagínese que el fuego de Dios cayera en un estadio durante una cruzada evangelística y todos salieran borrachos del Espíritu Santo. El bautismo en el Espíritu Santo ¡NO ES UN ASUNTO PRIVADO! ¡Es un EVENTO PÚBLICO! ¡Gloria a Dios!

PISANDO A FONDO

El mundo admira cualquier entusiasmo apasionado salvo uno: el amor por Dios. ¿Qué queremos? ¿Queremos nuestra cultura cómoda y sofisticación, o el ardiente y palpitante deseo de la naturaleza divina? Si quiere la totalidad de Dios, entonces tiene que pisar a fondo.

LA GLORIOSA EXPERIENCIA DE ZAMBULLIRSE EN EL OCÉANO de los propósitos de Dios, de ser llevado por ese poderoso viento recio pentecostal, ¿es eso lo que nos asusta? ¿Acaso el almidón de lo que llamamos civilización ha endurecido nuestra ropa y la ha convertido en una armadura de acero de tal forma que ahora es muy difícil 'vestirse de Cristo'? ¿Dónde están sus lágrimas? ¿Llevar su pasión, nuestra cruz? ¿Dónde está nuestra total sencillez y entrega a Dios?

Si quiere todo de Él, entonces debe pisar el acelerador a fondo. No se contenga.

POR DÓNDE EMPEZAR

> *Un joven me dijo que tenía un llamado a predicar el evangelio, pero su pastor no estaba dispuesto a dejarle el púlpito. Le miré y le dije: "¡Yo le daré un púlpito!". Él me miró con los ojos abiertos como platos y me dijo: "¿Qué? ¿Quiere dejarme su púlpito?". Yo dije: "No, pero puedo dejarle un púlpito. Cada esquina es un púlpito". Continué: "Ahí es donde yo comencé, y usted tiene que comenzar ahí también". Las Escrituras dicen: "No menosprecien estos modestos comienzos, pues el Señor se alegrará cuando vea que el trabajo se inicia" (Zacarías 4:10, NTV).*

EL CRECIMIENTO MINISTERIAL VIENE EN FASES. EL CRECIMIENTO SE PRODUCE lentamente. Usted madurará en la Palabra, en fe, en el Espíritu Santo y en dar fruto. No se rinda cuando llegue la oposición. Jesús nos hizo más que vencedores. Tenemos un cielo abierto, ángeles subiendo y bajando, nuestras oraciones llegando al cielo sin impedimentos, y el Espíritu Santo derramándose constantemente sobre nosotros como un amanecer en un día despejado.

PUNTOS DE FUEGO

SECCIÓN 2:

EL ESPÍRITU Y EL HIJO: JESÚS EL BAUTIZADOR

EL UNGIDO

"Y Jesús, después que fue bautizado, subió luego del agua; y he aquí los cielos le fueron abiertos, y vio al Espíritu de Dios que descendía como paloma, y venía sobre él. Y hubo una voz de los cielos, que decía: Este es mi Hijo amado, en quien tengo complacencia".

MATEO 3:16, 17

BAUTISMO EN FUEGO

> *Jesús dijo que Juan el Bautista era una lámpara que ardía y brillaba, pero él bautizó con agua en las frías aguas del Jordán. Sin embargo, Jesús no es una lámpara. Él es la Luz, el Señor mismo. Él bautiza en un Jordán distinto, el espiritual, que está ardiendo con fuego del altar de Dios, llevando sanidad y poder.*

JUAN EL BAUTISTA CONOCÍA EL BAUTISMO DEL ESPÍRITU, PORQUE Dios se lo había dicho. De hecho, Juan dijo que esa era la forma en que identificaríamos a Cristo. El bautismo en fuego lo distinguiría. Sería algo que nadie más había hecho jamás ni nadie más hará. Hay cantidad de religiones, pero Cristo es otra cosa. Solo Él bautiza en el Espíritu Santo y fuego (Mateo 3:11).

JESÚS FUE BAUTIZADO EN EL ESPÍRITU SANTO

> *Aunque fue concebido por el Espíritu Santo, Jesús necesitó el bautismo del Espíritu cuando comenzó su ministerio. Cuando Juan el Bautista bautizó a Jesús en el Jordán, se produjo un segundo bautismo. El Espíritu de Dios descendió sobre Él, como una paloma y no como una llama de fuego, porque no había nada que quemar en Jesús.*

EL GRAN PATRÓN PARA LOS CRISTIANOS ES JESÚS, Y ÉL FUE bautizado en el Espíritu Santo. Los Evangelios de Mateo, Marcos y Lucas narran todos ellos el mismo evento. El cuarto Evangelio, Juan, da más detalles. Juan el Bautista, el vocero de Jesús, declaró: "Vi al Espíritu que descendía del cielo como paloma, y permaneció sobre él" (Juan 1:32). Jesús mismo explicó: "El Espíritu del Señor está sobre mí, por cuanto me ha ungido para dar buenas nuevas a los pobres..." (Lucas 4:18). Pedro, en Hechos 10:38, dijo: "cómo Dios ungió con el Espíritu Santo y con poder a Jesús de Nazaret". Juan el Bautista dijo algo emocionante: "...el que me envió a bautizar con agua, aquél me dijo: Sobre quien veas descender el Espíritu y que permanece sobre él, ése es el que bautiza con el Espíritu Santo" (Juan 1:33).

Cristo tuvo una experiencia humana de Dios para mostrar cuál debería ser la experiencia humana perfecta. Él fue el primero de multitudes. Fue el primer hombre bautizado con el Espíritu Santo en la tierra. Juan 3:34 (NVI) dice: "Dios mismo le da su Espíritu sin restricción". Juan 1:16 declara: "Porque de su plenitud tomamos todos...". Esa es la maravillosa verdad: lo que Él recibió era para nosotros. Él fue lleno para nosotros, y de su infinita plenitud nosotros nos llenamos.

TODO LO QUE JESÚS HIZO FUE PARA NOSOTROS

> *Nació para nosotros, y vivió para nosotros. Dijo que fue bautizado en agua y en el Espíritu para nosotros. Ministró, murió, resucitó, ascendió a la gloria y volverá para nosotros.*

EL ESPÍRITU SANTO TRADUCE LA VIDA DE JESÚS A NUESTRA experiencia. Cuando escogió el papel de ser humano, aceptó la necesidad de la humanidad del Espíritu Santo. Se identificó con nosotros, y dijo: "así conviene que CUMPLAMOS toda justicia" (Mateo 3:15). Jesús era el Hijo de Dios, pero estuvo donde todos estamos como seres humanos. Esto significó que llegó el día en que Él entró en una nueva experiencia, investido con el Espíritu. No fue una conversión o un nuevo nacimiento. El Hijo de Dios nunca tuvo esa necesidad. Su ejemplo mostró que el bautismo en el Espíritu no se debe confundir con la regeneración o ningún otro evento espiritual. Él recibió una experiencia única y distintiva del Espíritu Santo para su ministerio. Así debería ser para todos nosotros, si seguimos su ejemplo.

MARCAS UNGIDAS

Estas son las huellas gigantes de un hombre o una mujer bañados en el fuego líquido del Espíritu Santo. Cada paso destila un fuego que chamusca escorpiones y serpientes en nuestro camino, dejando un sendero de liberación y bendición.

LA PALABRA "BAUTISMO" ES HOY UNA PALABRA RELACIONADA CON LA IGLESIA, pero en la antigüedad solo significaba inmersión. Cuando un tintorero ponía ropa en el tinte, la sumergía o bautizaba, queriendo decir que el tejido tomaba la naturaleza del tinte. Cuando Jesús, estando de pie en el río del Espíritu Santo, nos llama y nosotros lo seguimos, Él nos rodea con su brazo y nos bautiza en el fuego líquido del Espíritu Santo. En ese momento estamos en el fuego, y el fuego está en nosotros. Al salir de este río glorioso, nos damos cuenta de que estamos completamente saturados y totalmente empapados. Esto no es para un solo aspecto o función, sino que representa la inmersión de toda nuestra personalidad. Imagínese que sale del río y siente cómo este fuego vivo chorrea de usted. Cada demonio en la ciudad sabrá dónde fue usted, porque pueden reconocer las gotas de fuego en sus huellas. ¡Marcas ungidas!

SER INCLUIDO

Jesús no bautizó a nadie con fuego durante su vida terrenal. Él dijo que lo haría después de haber regresado al Padre. Y lo hizo, comenzando con el día de Pentecostés narrado en Hechos 2. Ese 'después' sigue sucediendo hoy. No ha habido cambio de programa. Jesús sigue siendo el Bautizador en el Espíritu Santo. Él no ha retirado o cambiado su papel. ¿Cómo podría hacerlo, cuando la promesa es para las personas que están "lejos"? (Hechos 2:39).

UN NUEVO CAPÍTULO DE LOS HECHOS DE LOS APÓSTOLES SE ESTÁ escribiendo. Hoy, el bautismo en el Espíritu inspira a cientos de millones de nuevos creyentes en evangelismo de poder. ¡No se quede fuera!

LA PASIÓN DEL HIJO

"Cuando se aproximaba la Pascua de los judíos, subió Jesús a Jerusalén. Y en el templo halló a los que vendían bueyes, ovejas y palomas, e instalados en sus mesas a los que cambiaban dinero. Entonces, haciendo un látigo de cuerdas, echó a todos del templo, juntamente con sus ovejas y sus bueyes; regó por el suelo las monedas de los que cambiaban dinero y derribó sus mesas. A los que vendían las palomas les dijo: —¡Saquen esto de aquí! ¿Cómo se atreven a convertir la casa de mi Padre en un mercado? Sus discípulos se acordaron de que está escrito: «El celo por tu casa me consumirá»".

JUAN 2:13-17, NVI

EL FUEGO DE DIOS EN JESÚS

Para algunos, era un lugar de adoración. Para otros, era un lugar de negocio para ganar un sueldo por cualquier medio que fuera necesario. Pero para el Hijo, era la casa de su Padre, un lugar sagrado y un lugar de oración para la salvación, sanidad y liberación de las naciones. Por lo tanto, apareció el látigo contra los cambistas, los ladrones y los abusadores, haciendo enfurecer a los fariseos y arriesgando su propia vida. Pero con el honor de su Padre en juego y la liberación de las naciones colgando en la balanza, Él se rió de la muerte porque todo aquello valía la pena. Iría a la cruz, si fuera necesario. ¡Oh, qué pasión!

EN LA EXPERIENCIA HUMANA, EL FUEGO DE DIOS SE TRADUCE EN pasión, el tipo de pasión que vimos en Jesús. Quizá Él no era solo apasionado en sus palabras. Cuando Jesús iba a Jerusalén por última vez, leemos que caminaba delante de sus discípulos. Ellos veían cómo se urgía a sí mismo a avanzar. "Iban de camino subiendo a Jerusalén, y Jesús se les adelantó. Los discípulos estaban asombrados, y los otros que venían detrás tenían miedo" (Marcos 10:32). ¿Por qué? De algún modo, el fuego en su alma era evidente en su forma de caminar.

Cuando llegaron, Jesús vio la profanación del templo. Los discípulos entonces tuvieron más evidencia de sus apasionados sentimientos. La reacción de Él lo convirtió en una figura asombrosa. Los discípulos se acordaron de las palabras del Salmo 69:9: "Porque me consumió el celo de tu casa...". Pero fue un enojo nacido del amor, no una furia fría. Jesús no era un fanático enloquecido. Él amaba la casa de su Padre, eso es todo. Su deseo era ver a la gente en el templo, adorando con libertad y alegría. Pero el comercialismo en el templo había arruinado todo eso. Su corazón se desbordaba como un volcán. El fuego del Espíritu Santo en su alma le hizo limpiar el templo. Sus acciones eran atemorizantes, y muchos huyeron de ese lugar debido a ellas.

Pero los niños, los ciegos y los cojos se quedaron, y Él los sanó (Mateo 21:14-16). Eso era lo que había querido hacer, y esa fue la razón por la que su ira se calentó como el fuego de una estufa. Su indignación buscó el gozo. Lo consiguió: los niños terminaron cantando: "¡Hosanna!". Esta fue la única ocasión en las Escrituras en que la emoción por Dios fue reprimida, la única vez que se demandó callar en los atrios del Señor. El silencio lo demandaron los fariseos, la alabanza del Señor estaba ahogando el tintineo de sus cajas registradoras comerciales. ¡El sonido del dinero se calló! Todo era parte del cuadro del fuego del Señor, su fuego consumidor fue diseñado para dejar paso a una alabanza exuberante.

IMPERATIVO DIVINO

"En el último y gran día de la fiesta, Jesús se puso en pie y alzó la voz, diciendo: Si alguno tiene sed, venga a mí y beba. El que cree en mí, como dice la Escritura, de su interior correrán ríos de agua viva".

JUAN 7:37-38

DEL ANTIGUO TESTAMENTO AL NUEVO TESTAMENTO

Ninguna cantidad de buenas obras o de religión puede proveer lo que el Espíritu Santo ofrece. El Espíritu de Dios satisface el hambre y la sed profunda. Él trae refresco y restauración a su alma de una forma que nada ni nadie más puede hacerlo. Si está cansado y necesita llenarse, Jesús le anima a acudir a Él, darse un respiro y beber de las aguas profundas del Espíritu Santo (Juan 7:37-38).

EL SONIDO MÁS MARAVILLOSO QUE JAMÁS SE HABÍA OÍDO ESTABA A PUNTO de llegar a los oídos de miles de personas que se habían reunido en los atrios del templo en Jerusalén. Se llevaban a cabo los rituales finales de un festival nacional. Todos los ojos seguían a una vasija de oro llena de agua y vino. Una ofrenda de bebida estaba lista para ser derramada ante el Señor. Un sacerdote alzó el vaso reluciente a la luz del día e hizo una pausa. Se sintió el silencio cuando la gente se esforzaba por oír el agua sagrada salpicando en un recipiente de bronce en el altar. Fue entonces cuando se produjo la interrupción: una voz no conocida durante mil años, una voz que hizo que se sintieran escalofríos por la espalda. Era la voz de Jesucristo, el Hijo de Dios. Él era la Palabra que había hablado al comienzo y había mandando que existieran el cielo y la tierra. Ahora en Jerusalén, Él se puso en pie y decretó un edicto real y divino, cambiando la dispensación de Dios: "Si alguno tiene sed, venga a mí y beba. El que cree en mí, como dice la Escritura, de su interior correrán ríos de agua viva" (Juan 7:37-38). La era del Espíritu Santo había llegado.

GRITAR DE GOZO

> *El efecto liberador del Espíritu Santo hace que sea muy difícil y a menudo imposible que usted se mantenga frío, y no hay necesidad de ello. Hay poder cuando usted grita. Concédase la libertad de celebrar con gozo exultante. ¡Grite! ¡Hay ríos de gozo fluyendo de lo más hondo de su ser! (Juan 7:38; 1 Pedro 1:8).*

VOLVIENDO A LO QUE DICE LA ESCRITURA ACERCA DEL ESPÍRITU Santo, la palabra "ríos" se usa repetidamente y describe el ideal para los creyentes. Los ríos son un símbolo del Espíritu Santo. Se anticipó en Isaías 58:11: "y serás... como manantial de aguas, cuyas aguas nunca faltan". La experiencia de los "ríos" exige la milagrosa presencia del Espíritu Santo. Para muchas personas, la exuberancia es algo ajeno, poco natural y bochornoso. Sin embargo, para aquellos que permanecen dentro del Reino de Dios, la cultura del mundo importa poco. En nuestro reino, la gente grita de gozo. Solo tenemos que hacernos una pregunta: si Cristo hiciera exactamente lo que prometió y bautizara a las personas en el Espíritu Santo y fuego, ¿cómo serían? ¿Frías, refrenadas y contenidas? El emblema de Dios es el fuego, no una sandía.

SE HA PAGADO EL PRECIO

"Esto solo quiero saber de vosotros: ¿Recibisteis el Espíritu por las obras de la ley, o por el oír con fe? ¿Tan necios sois? ¿Habiendo comenzado por el Espíritu, ahora vais a acabar por la carne?".

GÁLATAS 3:2-3

REPELEN O ATRAEN

¡Observemos, por favor! Nuestras debilidades no repelen a Dios; le atraen. Puede que hayamos perdido la esperanza, pero el Espíritu es el don de Dios específicamente para los débiles, para compensar nuestra fragilidad. "Él da esfuerzo al cansado, y multiplica las fuerzas al que no tiene ningunas" (Isaías 40:29).

"SUBLIME GRACIA DEL SEÑOR, QUE A MÍ, PECADOR, SALVÓ". En el Calvario, hubo un sonido que trajo salvación a la humanidad, y en Pentecostés hubo otro sonido: el sonido de un viento recio. Fue el sonido del celo, del amor, del Espíritu de Dios gimiendo por el abrazo de la humanidad. Totalmente consciente de las debilidades de la humanidad caída, el Espíritu Santo vino, y sigue aquí para usted. Nuestro pecado envió a Jesús a la cruz, no nuestra justicia; nuestra debilidad hizo que el Espíritu Santo descendiera hasta nosotros, no nuestra perfección.

NUESTRA DIGNIDAD

Muchos cristianos piensan que no son dignos o lo suficientemente buenos para recibir el Espíritu Santo. Sí, es cierto que nunca seremos lo suficientemente buenos para el Espíritu Santo. ¡Pero tampoco tenemos que serlo! Sin duda, no podemos ni siquiera esperar serlo. Él es totalmente santo; pero por eso mismo lo necesitamos, y por esa misma razón Él viene.

ES LA SANGRE DE JESÚS. SOLO SU SANGRE NOS HACE DIGnos, y así somos respondidos por el poder y la llenura del Espíritu Santo (Hechos 1:8). Cristo envía al Espíritu sobre nosotros no porque seamos cristianos maravillosos, ¡sino precisamente porque no lo somos! El corazón de Dios está apasionado por la salvación de sus criaturas. Él no hizo a los miles de millones de la tierra como combustible para las llamas del infierno o para poblar una fría eternidad sin Cristo. Él los hizo para el cielo. Él envía al Espíritu Santo, el *Paracletos* o ayudador, y nosotros somos solo sus siervos o sus agentes. Él puede hacerlo; tan solo quiere nuestra cooperación.

¿Y QUÉ DE NUESTRA SANTIDAD?

> *Nuestra santidad no es el poder para hacer señales y prodigios. El Espíritu Santo es el poder. Quizá somos débiles y posiblemente tropezamos, pero eso hace que sea incluso más necesario que recibamos al Espíritu Santo. Él no es dado con la condición de que seamos perfectos. Es dado porque no somos perfectos. EL MAYOR FACTOR ES QUE LO NECESITEMOS. ¿LO NECESITA USTED?*

SI NO PODEMOS ALCANZAR A LOS PERDIDOS HASTA QUE LA IGLESIA esté compuesta por santos perfectos, ¿cuándo podremos alcanzarlos? Ganar a los perdidos no es algo que pueda esperar. Llevarlos a Jesús garantizará que el cielo esté lleno y el infierno quede vacío. Dios ha hecho su mayor esfuerzo, su mayor sacrificio, para que la gente sea salva, y no lo hizo como algo que dependa de la extensión de nuestra perfección, esperando hasta que seamos un libro de reglas andante. Debemos buscar la santidad, y la Biblia nos anima a hacerlo, pero la salvación de almas no puede esperar hasta que alcancemos la perfección. Los planes de Dios siempre incluyeron el don del Espíritu como el motivo de poder y los efectos de poder que hay detrás de la Comisión Suprema. No hay manera de hacerlo sin ello.

LA VIEJA BATERÍA

No importa lo frío que esté espiritualmente o lo lejos que se haya apartado de la fe. Al igual que una batería vieja, siempre hay una carga residual; una vez empoderado por el Espíritu, siempre empoderado. Tan solo debe limpiarse con la sangre de Jesús, y quedará como nuevo.

UN AMIGO MÍO ESTABA ORGANIZANDO SU GARAJE Y TIRÓ un trozo de metal a lo que parecía ser una montaña de basura. Eso provocó una viva y audible chispa. La investigación reveló que se trataba de una batería vieja de un automóvil. La barra de acero hizo un corto en sus terminales. Las células aún tenían algo de carga, así que la sacó para un posible uso futuro. Para algunos, eso podría ser una parábola; usted se ha rendido, y piensa que el poder se ha ido. Nunca se va. Limpie el óxido y verá que al Espíritu Santo no se le apaga fácilmente. Tras ministrar bajo una fuerte unción profética durante años, Eliseo murió, pero la unción permanecía sobre sus huesos. Cuando un joven murió y lo arrojaron accidentalmente a la tumba de Eliseo, él volvió a la vida (2 Reyes 13:21). Aún hay esperanza para usted.

EL ESPÍRITU SANTO Y EL CALVARIO

El propósito y enfoque del Espíritu Santo es hacer que las victorias de la cruz de Cristo sean reales en el creyente, la Iglesia y el mundo. Para moverse en el poder del Espíritu Santo, haga de la cruz de Cristo su propósito y de la salvación su mensaje.

EL ESPÍRITU SANTO ESTÁ ABSORTO EN SU TRABAJO. ÉL OBRA EN los corazones de las personas lo que Jesús consiguió para nosotros en la cruz. Usted no puede apartarlo a la fuerza de ese lugar y hacer que asista a las cosas que no son del Calvario. Solo sobre el terreno de la redención es donde se encuentra el verdadero poder espiritual. Las maravillas sin la cruz no son maravillas del Espíritu Santo.

PUNTOS DE FUEGO

SECCIÓN 3:

UN VIENTO RECIO: PENTECOSTÉS

UNA PROMESA CUMPLIDA

"Cuando llegó el día de Pentecostés, estaban todos unánimes juntos. Y de repente vino del cielo un estruendo como de un viento recio que soplaba, el cual llenó toda la casa donde estaban sentados; y se les aparecieron lenguas repartidas, como de fuego, asentándose sobre cada uno de ellos. Y fueron todos llenos del Espíritu Santo, y comenzaron a hablar en otras lenguas, según el Espíritu les daba que hablasen".

HECHOS 2:1-4

LA ERA DEL ESPÍRITU SANTO HA LLEGADO

La llegada del Espíritu Santo cambió el orden mundial e inclinó la balanza a favor de la Iglesia. Pero hay una gran diferencia: solo el Reino de Dios puede tener acceso a este gran poder. Ninguna nación corrupta, ningún eje del mal... ¡Solo nosotros!

LA ERA DEL ESPÍRITU SANTO HA LLEGADO. CUANDO JESÚS ENVIÓ al Espíritu Santo al mundo, fue un evento cósmico que no se podía deshacer. Creó un nuevo orden de posibilidades más allá de todo lo que se había conocido desde los días de Adán. Una nueva forma de vida, la vida resucitada, ahora estaba disponible. La vida resucitada es como la radiación, no la radiación nuclear que contamina sino la radiación de la resurrección. El mismo Espíritu que levantó a Jesús de la muerte nos resucitará también a una vida de elevación espiritual y poder (Romanos 8:11).

LA LLEGADA DEL ESPÍRITU SANTO

Para traer salvación, el Espíritu Santo habitó en Cristo el Señor, pero para predicar salvación, el Espíritu Santo habita en la Iglesia: hombres y mujeres, jóvenes y ancianos, de todas las naciones y tribus, limpiados con la preciosa sangre del Cordero.

EL ESPÍRITU SANTO ANUNCIÓ SU LLEGADA A JERUSALÉN mediante 120 gargantas y se envolvió en la carne de los discípulos. Nosotros somos sus templos, su dirección de residencia aquí en la tierra. Desde ese momento, las vidas de los discípulos nunca fueron las mismas. Al irradiar la gloria de Dios con valor, sanidad, milagros, señales proféticas y maravillas, la gente notaba que habían estado con Jesús (Hechos 2), porque el mismo Espíritu Santo mediante el que Jesús operó estaba sobre ellos. El Espíritu Santo habitó en la iglesia y no se ha ido. Ese mismo Espíritu Santo está con nosotros, en nosotros y trabajando a través de nosotros hoy.

ES PARA TODOS

> *El Espíritu Santo no se distribuye mediante la lotería, con unas pocas personas seleccionadas para recibirlo. No es un juego de azar. No hay ganadores y perdedores. Dios equipa a los que llama. Hay poder más que suficiente para actuar. No se excluye a nadie, y nadie se queda con las sobras. No se descalifique cuando ya ha sido aceptado.*

LAS ESCRITURAS SON CLARAS Y SIN VAGUEDAD. EL BAUTISMO del Espíritu Santo no es solo para unos pocos "favoritos de Dios". No, Dios no tiene "favoritos". De hecho, todos somos sus favoritos. El día de Pentecostés, 120 hombres y mujeres estaban en el aposento alto en Jerusalén, y leemos en Hechos 2:3 y 4: "y se les aparecieron lenguas repartidas, como de fuego, asentándose sobre cada uno de ellos. Y fueron todos llenos del Espíritu Santo...". No fue una coincidencia, ¡NI UNA LOTERÍA! "Cada uno" de los 120 recibieron y "todos" fueron llenos. Su género no se tuvo en cuenta, ni tampoco su edad o su raza ni su estatus en la vida. ¡Usted es apto para el bautismo del Espíritu Santo! ES PARA TODOS los hijos de Dios lavados por la sangre, incluidos usted y yo. El poder de Dios es ilimitado; Él no se queda sin gasolina, y tiene poder más que suficiente para todo su pueblo, para todo aquel que tiene hambre y sed.

UNA LLAMA PARA SU CABEZA

Había 120 personas en el aposento alto. Alguien en el cielo debió haber contado las cabezas, ya que una llama de fuego se asentó "sobre cada uno de ellos". Si usted tiene cabeza, Dios tiene una llama para usted. Ahora mismo, su conteo le incluye a usted. "Pero recibiréis poder..." (Hechos 1:8). Tan solo imagínese que su cabeza se convierte en una pista de aterrizaje para el fuego del Espíritu Santo. Él aterriza y habita, para no volver a despegar nunca.

CADA UNO DE LOS 120 DISCÍPULOS DEL APOSENTO ALTO EN EL día de Pentecostés recibió el bautismo del Espíritu Santo. Nadie se quedó sin él. No fue solo para los doce apóstoles que conocemos o que caminaron íntimamente con Jesús. Había algunos desconocidos que también lo recibieron. Quizá no hayan sido famosos, pero fueron fieles. Estaban en el aposento alto y esperaron la promesa. El Espíritu Santo descendió sobre todos, y una llama de fuego aterrizó en lo alto de todas sus cabezas, 120 llamas para 120 fieles. Si usted acude, tendrá una llama de poder para su tarea.

MARCAPASOS

El Espíritu Santo nos lleva a un alineamiento divino y nos capacita para caminar al ritmo y en sincronía con los planes y propósitos de Dios, siguiendo la agenda de su reino. Romanos 8:14 dice: "Porque todos los que son guiados por el Espíritu de Dios, éstos son hijos de Dios".

UN MARCAPASOS ES UN PEQUEÑO ARTILUGIO QUE SE COLOCA EN EL pecho o en el abdomen para ayudar a controlar los ritmos cardiacos anormales. Creo que la llama del Espíritu Santo sobre cada creyente es algo parecido a un marcapasos. Corrige los ritmos anormales y nos lleva a estar en armonía con el corazón de Dios. ¿Su agenda o la nuestra? ¿Su voluntad o la nuestra? La llama sobre mi cabeza, llevando mi nombre, me hace marchar al ritmo del palpitar de Dios.

LA ENCARNACIÓN DEL ESPÍRITU SANTO

> *Como el Padre envió al Hijo para salvarnos, así envía su Espíritu para llenarnos y empoderarnos. El Espíritu Santo no viene porque lo merezcamos; viene por el amor del Padre, el sacrificio del Hijo y nuestra necesidad de un Ayudador y Consolador. No necesitamos actuar, tan solo recibir.*

EL DÍA DE PENTECOSTÉS, COMENZARON A PREDICAR EL evangelio "por el Espíritu Santo enviado del cielo" (1 Pedro 1:12). Su descenso y entrada en el mundo fueron positivos, tanto como cuando Jesús descendió del cielo. "Y aquel Verbo fue hecho carne" (Juan 1:14), esa fue la entrada de Jesús por la puerta de Belén. Él se vistió de forma humana y, de forma similar, el Espíritu Santo se vistió de los discípulos al habitar dentro de ellos. El mundo no pudo recibirlo, pero cientos amaron a Jesús, y un grupo de 120 se convirtieron en las primeras personas de la tierra en ser llenas del Espíritu: hombres, mujeres, apóstoles y discípulos. Simplemente estaban sentados juntos, no de pie, ni arrodillados ni orando, solo esperando como Jesús les había ordenado: "No se alejen de Jerusalén, sino esperen la promesa del Padre" (Hechos 1:4, NVI). Cristo ascendió al cielo y le pidió al Padre que enviara su regalo, el Espíritu Santo. A los diez días, Él fue enviado.

JUNTOS UNÁNIMES

En Pentecostés, Dios y el hombre se alegraron unánimes en el lenguaje carismático. "Hablar en lenguas" (Hechos 2) significa que la Novia ha sido llevada en el abrazo del Novio Divino (Colosenses 2:9-10).

LA GRAN DIVISIÓN ENTRE DIOS Y LA HUMANIDAD LLEGÓ A SU punto más alto en Babel, cuando Dios descendió y confundió el lenguaje de la humanidad (Génesis 11:1-9). Lo que hizo Dios en Babel, lo revirtió en Pentecostés, uniéndolos con distintas lenguas. De todas las esferas de la vida, razas y culturas, Él nos ha comprado con su sangre (Apocalipsis 5:9, 10) y nos ha unido no para edificar una torre para la gloria o ingenuidad del hombre, sino para edificar un reino para la gloria de Dios. Mediante el Espíritu Santo, la humanidad y Dios se alegran, celebrando esta gran reunión juntos en un bendito lenguaje.

EVANGELISMO PROFÉTICO

"Moraban entonces en Jerusalén judíos, varones piadosos, de todas las naciones bajo el cielo. Y hecho este estruendo, se juntó la multitud; y estaban confusos, porque cada uno les oía hablar en su propia lengua. Y estaban atónitos y maravillados, diciendo: Mirad, ¿no son galileos todos estos que hablan? ¿Cómo, pues, les oímos nosotros hablar cada uno en nuestra lengua en la que hemos nacido?... les oímos hablar en nuestras lenguas las maravillas de Dios. Y estaban todos atónitos y perplejos, diciéndose unos a otros: ¿Qué quiere decir esto?".

HECHOS 2:5-12

FUEGO Y CARNE

El Espíritu quiere hacer una conexión. El día de Pentecostés, la lengua de fuego sobre las cabezas de los que estaban en el aposento alto conectó con la lengua de carne en sus bocas, y el resultado fue un glorioso y poderoso estallido profético, multicultural y evangelístico que transformó a los creyentes y cambió el mundo.

EL APÓSTOL SANTIAGO NOS DA ALGUNOS CONCEPTOS PODEROSOS sobre la lengua humana, diciendo que a menudo maldecimos a otros y bendecimos a Dios con la misma boca (Santiago 3). Pero el día de Pentecostés, cuando hombres y mujeres comunes se entregaron a Dios, sus lenguas se convirtieron en instrumentos de poder y salvación. La lengua de fuego sobre su cabeza conectó con la lengua de carne de su boca. Lo celestial conectó con lo terrenal, lo sobrenatural con lo natural. "... Y comenzaron a hablar en otras lenguas, según el Espíritu les daba que hablasen" (Hechos 2:4).

VERDAD SALVADORA

Desde el día de Pentecostés, Dios habla mediante voces humanas, como el Espíritu Santo les DA QUE HABLAR. Esto fue algo más que inspiración. Los primeros creyentes fueron todos llenos del Espíritu Santo. Los que hablan DE PARTE DE DIOS están hablando POR DIOS, con SENTIDO. Es una puerta "para LA PALABRA" (Colosenses 4:3). La verdadera predicación es una PREDICACIÓN SALVADORA. El Espíritu Santo le otorga a la predicación su poder para salvar almas del diablo. "Había en mi corazón como un fuego ardiente..." (Jeremías 20:9).

LEEMOS QUE EL DÍA DE PENTECOSTÉS, "Y SE LES APARECIEron lenguas repartidas, como de fuego, asentándose sobre cada uno de ellos...y comenzaron a hablar en otras lenguas, según el Espíritu les daba QUE HABLASEN" (Hechos 2:3-4). El Espíritu Santo transformó las oraciones, alabanzas y predicación de los discípulos con vitalidad. Las alabanzas de los discípulos, llenas de asombro, pasión y poder, traspasaron barreras étnicas y raciales (Hechos 2:5-12). Las personas religiosas, cuya forma de adoración era fría y litúrgica, experimentaron por primera vez una nueva ola de alabanza y adoración vigorizada por el Espíritu Santo. Pedro predicó con una valentía y convicción sin precedentes, y 3.000 personas fueron salvas y se añadieron a la Iglesia ese día.

EL INTERÉS ÉTNICO DE DIOS

> *El corazón de Dios ha sido y siempre será para las naciones, para todos los pueblos. Él no desea que ninguno perezca, sino que todos lleguen al conocimiento de la verdad (2 Pedro 3:9). El Espíritu Santo quiere capacitarle para impactar las naciones: pueblos de cada tribu, raza y cultura. Trabaje para Dios dondequiera que esté, pero ore por una cosecha global. No tenga miedo de cruzar fronteras culturales y geográficas.*

CUANDO EL ESPÍRITU SANTO CAYÓ EN PENTECOSTÉS, LOS DISCÍPULOS judíos no hablaron en hebreo sino en los lenguajes de la gente de muchos países lejanos (Hechos 2:8-12), mostrando el interés étnico del Espíritu de Dios y borrando cualquier duda de su amor y esperanza para todos los pueblos. Pentecostés cumplió la promesa de Dios a través de Joel, de que en los últimos días Él derramaría de su Espíritu sobre todos (Joel 2:28-32). Dios desea liberar su Espíritu sobre todas las personas. Esto es coherente con el evangelio. "Porque de tal manera amó Dios al mundo, que ha dado a su Hijo unigénito, para que todo aquel que en él cree, no se pierda, mas tenga vida eterna" (Juan 3:16). Tiene sentido que un Dios que entregó a su Hijo por todos dio su Espíritu para todos. Él entregó a su Hijo para nuestra salvación y su Espíritu para nuestro empoderamiento.

EL EVANGELIO DE PENTECOSTÉS

"Entonces Pedro, poniéndose en pie con los once, alzó la voz y les habló diciendo:... Varones israelitas, oíd estas palabras: Jesús nazareno, varón aprobado por Dios entre vosotros con las maravillas, prodigios y señales que Dios hizo entre vosotros por medio de él, como vosotros mismos sabéis; a éste, entregado por el determinado consejo y anticipado conocimiento de Dios, prendisteis y matasteis por manos de inicuos, crucificándole; al cual Dios levantó, sueltos los dolores de la muerte, por cuanto era imposible que fuese retenido por ella...Arrepentíos, y bautícese cada uno de vosotros en el nombre de Jesucristo para perdón de los pecados; y recibiréis el don del Espíritu Santo".

HECHOS 2:14, 22-24, 38

VALENTÍA DEL ESPÍRITU SANTO

Cuando el Espíritu Santo desciende sobre usted, no solo recibe poder para hacer señales. Él le fortalece físicamente, psicológicamente y emocionalmente. El bautismo del Espíritu atribuye valentía; el cobarde más débil puede ser transformado en la persona más valiente y heroica.

NO FUE SOLO EL OÍR A JESÚS O ESCUCHAR SU VOZ LO QUE hizo que los discípulos se convirtieran en los valientes que después llegarían a ser, incluso algunos de ellos dudaron (Mateo 28:17; Marcos 16:13-14; Lucas 24:41). Ellos cerraban la puerta cuando se reunían por temor de los judíos (Juan 20:19). Se reunían en secreto, porque tenían demasiado miedo para hacer un desfile por la calle donde gritar: "¡Jesús está vivo!". Al principio, muy lejos en Galilea, incluso volvieron a sus antiguos trabajos como pescadores (Juan 21:3). Sin embargo, todo eso cambió el día de Pentecostés cuando recibieron el bautismo del Espíritu Santo y valentía. En vez de tener miedo a la multitud de los judíos, las multitudes temblaban ante ellos y gritaban: "Varones hermanos, ¿qué haremos?" (Hechos 2:37). Este fue el cumplimiento de lo que dijo Jesús: "pero recibiréis poder, cuando haya venido sobre vosotros el Espíritu Santo, y me seréis testigos... hasta lo último de la tierra" (Hechos 1:8).

EL PROPÓSITO DEL ESPÍRITU SANTO

¿Con qué propósito envió el Padre al Espíritu Santo? Sin lugar a dudas, es para hacer posible que se predique el evangelio a toda criatura sobre la faz de la tierra.

PABLO LO DESCRIBE COMO LLEVAR A LAS NACIONES A LA obediencia del evangelio (Romanos 1:5). La pasión consumidora y la obra de Cristo fue "buscar y a salvar lo que se había perdido" (Lucas 19:10). Jesús no fue nunca un hacedor de milagros. Primero y lo más importante, era y es el Salvador. Fue esa obra lo que le llevó a la cruz. Ese fue el propósito supremo de su vida terrenal. No fue por algún bien social, solo para alimentar a las multitudes, sino por la redención de la humanidad. Esto es lo que había principalmente en su mente. Cualquier charla sobre "mayores obras" tiene que estar en línea con su propia "gran obra" de salvar a los perdidos. La salvación es la mayor labor y la maravilla más grande que Dios llevó a cabo jamás.

EL ESPÍRITU SANTO COMO QUIEN INTERPRETA LA BIBLIA

> *El Espíritu Santo ilumina las Escrituras, llevando entendimiento a la Palabra de Dios y revelando misterios escondidos en las Escrituras. Sin el Autor de la Biblia vertiendo luz sobre la Palabra, quedamos reducidos a conjeturar.*

LA REGLA DE ORO EN LA INTERPRETACIÓN DE LA BIBLIA ES LA QUE Pablo mismo compartió en 1 Corintios 2:12-13: "... para que sepamos lo que Dios nos ha concedido, lo cual también hablamos, no con palabras enseñadas por sabiduría humana, sino con las que enseña el Espíritu, acomodando lo espiritual a lo espiritual". La palabra traducida como "espiritual" aquí es la misma palabra traducida como "dones espirituales" en 1 Corintios 12:1: *pneumatika*. Entender la Biblia no es un asunto de conjeturar. Simplemente haga uso de quien interpreta la Biblia: el Espíritu Santo.

SIN COMITÉ

Un hombre lleno del Espíritu Santo es mejor que cien comités, los cuales, como dijo alguien, "guardan minutos pero pierden horas". Cuando Dios amó de tal manera al mundo, no formó un comité; envió a su Hijo, y su Hijo envió al Espíritu Santo (Juan 3:16; Lucas 24:49). Cristo dijo que los creyentes son la luz del mundo, pero necesitamos al Espíritu Santo para que nos encienda. ¿Está usted enchufado?

EL DÍA DE PENTECOSTÉS, PEDRO SE LEVANTÓ, SE SACUDIÓ SU vergüenza y sus temores, y compartió la única teología que sabía: Jesús y este crucificado. Así, 3.000 fueron salvos de diversas naciones sin un comité, presupuesto o reunión financiera. Ese es el poder del Espíritu Santo; Él hace que el evangelio cobre vida y lleve convicción en masa. Si prestamos más atención al Espíritu Santo, pasaremos menos tiempo en comités de planificación y veremos más resultados.

UNA COMBINACIÓN DE FUEGO

"Jesús respondió y les dijo... Ninguno puede venir a mí, si el Padre que me envió no le trajere...El espíritu es el que da vida; la carne para nada aprovecha; las palabras que yo os he hablado son espíritu y son vida".

JUAN 6:44, 63

EL EVANGELIO Y EL ESPÍRITU SANTO: UNA COMBINACIÓN DE FUEGO

> *Por todos los medios posibles, predique la verdad del evangelio. No hay tarea más noble ni mejor comisión que esta, pero sin el poder del Espíritu Santo todo se reduce a meras palabras, hechos, historia y comentario. Es tan inútil salvar almas como un periódico en un tren de pasajeros descarrilado.*

LA VERDAD ES MARAVILLOSA, PERO POR SÍ MISMA ESTÁ MUERTA. ES COMO el carbón en el almacén. Necesitamos algo más que una enseñanza ortodoxa de la Biblia. El carbón solo libera su energía cuando se combina con el fuego, ¡y el fuego del Espíritu Santo es necesario para encender la verdad! (Lucas 24:32). Jesús dijo: "Las palabras que yo os he hablado son espíritu y son vida" (Juan 6:63). Bautizado por el Espíritu Santo, el mensaje que Jesús predicó fue más que meras palabras; llevaba vida y convicción, y dos mil años después sigue cambiando las vidas de millones de personas en todo el mundo.

EL SECRETO DEL EVANGELIO

> *El Espíritu Santo da poder al evangelio como la electricidad da poder a una central hidráulica. Sin embargo, nosotros no generamos el poder del Espíritu Santo mediante la oración, el sudor, la agonía, el tiempo, el esfuerzo, las buenas obras o ninguna otra cosa. El Padre nos da el Espíritu como un regalo, no como una recompensa o salario, algo que nos ganamos.*

YA VA SIENDO HORA DE QUE ENTENDAMOS QUIÉN ES EL ESPÍRITU Santo: es el secreto del poder del evangelio. No es un caso de esforzarnos y sudar para conseguir el Espíritu sino de dejarlo entrar. Nosotros no fabricamos su poder ni le hacemos a Él eficaz; es el regalo de Dios (Lucas 11:13). No se requieren buenas obras. Si pudiéramos ser tan buenos para merecernos al Espíritu Santo, no lo necesitaríamos.

LA MANO EN EL GUANTE

> *Sin el poder del Espíritu Santo, el evangelio está vacío y es ineficaz. Tiene una forma de bondad, pero está desprovisto de su poder para salvar y transformar.*

EL EVANGELIO NO ES UNA INVENCIÓN O TAREA HUMANA. Dios es el autor del evangelio, y después Él le encomendó a la humanidad que se lo contara al mundo. El Espíritu Santo es como la mano en el guante del evangelio predicado. El evangelio se debe predicar bajo la unción divina; así, se puede lograr cualquier resultado. Es el poder lo que puede asegurar que se cumpla la Gran Comisión.

TRANSFERENCIA DE FUEGO

> *El evangelio no es nada más ni nada menos que la voz de Dios. Cuando ese evangelio lo predica una persona llena del Espíritu Santo o en una iglesia encendida, la gente lo oirá. El evangelio se convierte en una transferencia de fuego de Dios. Sin el evangelio y sin fuego, por muy listo o magnífico que sea el entorno, deja a los oyentes fríos y muertos. La pompa no es poder. El Espíritu hace que la Palabra cobre vida (Juan 6:63).*

ESTA NO ES LA ANTORCHA OLÍMPICA. ESTA ES LA ANTORCHA ARDIENTE DEL fuego del Espíritu Santo pasada desde la eternidad al tiempo y de generación en generación. El fuego que Moisés vio ahora descansaba sobre los discípulos; desde la zarza ardiente (Éxodo 3:1-2), encendió el altar de Salomón (2 Crónicas 7:1) y aterrizó en Pentecostés sobre las cabezas de los discípulos (Hechos 2:3). El fuego de Dios mismo, en lenguas de fuego ahora reposando sobre cada cabeza, no apareció como un mero espectáculo o manifestación sino como una experiencia: Dios y el hombre juntos. Él es el Dios de fuego y de resplandor. Vivimos en un mundo espiritualmente oscuro y frío. La mejor forma de no congelarnos es estar encendidos con el Espíritu Santo. Dios encenderá un fuego en el altar de su propio corazón para que usted pueda ser un encendedor de fuegos.

LUZ DE LAS NACIONES

"Dice: Poco es para mí que tú seas mi siervo para levantar las tribus de Jacob, y para que restaures el remanente de Israel; también te di por luz de las naciones, para que seas mi salvación hasta lo postrero de la tierra".

ISAÍAS 49:6

SANIDAD DE LAS NACIONES

La sanidad de las naciones se encuentra en la predicación de la Palabra mediante el Espíritu del Dios vivo. Pero comienza con nosotros. Debemos ir, pero al ir, debemos creer la Palabra, ser tocados con el poder del Espíritu y ser libres nosotros mismos. Ardiendo, nos convertiremos en los agentes de sanidad de Dios, como el buen samaritano en los polvorientos caminos del mundo, sanando a las víctimas del diablo.

"ASÍ QUE LA FE ES POR EL OÍR, Y EL OÍR, POR LA PALABRA DE Dios" (Romanos 10:17). Cuando el Espíritu Santo le ilumina las Escrituras, enciende fe y le desafía a actuar en base a la Palabra. Mi propia fe comenzó cuando el Espíritu Santo usó textos bíblicos como flechas ardientes, prendiendo fuego en mi mente. Por ejemplo, Apocalipsis 22:2 dice que al árbol de vida tiene hojas para "la sanidad de las naciones". La Palabra de Dios se convirtió en mi árbol de vida, y las hojas de ese libro me parecían medicina celestial. ¡Gloria a Dios!

CONQUISTANDO A LOS CONQUISTADORES

Jesús dijo: "¡He venido a traer fuego a la tierra!" (Lucas 12:49, NVI). Sus seguidores obtuvieron una fe ardiente. "Los discípulos salieron y predicaron por todas partes, y el Señor los ayudaba en la obra" (Marcos 16:20, NVI). Ellos encendieron el mundo pagano oscuro y frío y derritieron el emblema del águila de acero del Imperio Romano, conquistando a los conquistadores.

EMPERADORES DOBLARON SUS RODILLAS ANTE JESÚS, AQUEL A QUIEN habían crucificado como un criminal. Solo el poder de Dios podría hacer tales maravillas. El secreto fue personas humildes encendidas para Dios, bautizadas en fuego. Tenían fuego entonces, pero ¿se ve ese fuego solo en las velas hoy día? ¿Es eso sucesión apostólica? Si estamos en el linaje de los apóstoles, debería haber alguna similitud para validar la afirmación además de las túnicas adornadas. Necesitamos el verdadero manto apostólico. En la actualidad, muchas personas van a la iglesia solo para "nacer, casarse y morirse" (bautizos, bodas y funerales). Pero las cosas muertas y secas se encienden con más facilidad. Pedro dijo: "Porque para vosotros es la promesa, y para vuestros hijos, y para todos los que están lejos" (Hechos 2:39). Nosotros somos aptos. Estamos lejos.

DIOS DE LAS NACIONES

> *Su llamado es a algo más allá de usted mismo y su entorno inmediato. Es al mundo. Los campos de la cosecha son las naciones. No deje que su entorno reduzca su visión y apague su fuego. Abra sus ojos y mire más allá de sus círculos y sus luchas personales. El mundo está listo para la cosecha (Lucas 10:2)*

CUANDO CRISTO RESUCITÓ DE LA MUERTE, LOS DISCÍPULOS CONSERVARON un aspecto judío durante mucho tiempo. Veían su nueva fe como algo que solo le pertenecía a Israel. Incluso le preguntaron al Señor, aproximadamente una hora antes de que ascendiera: "Señor, ¿restaurarás el reino a Israel en este tiempo? Y les dijo: No os toca a vosotros saber los tiempos o las sazones, que el Padre puso en su sola potestad; pero recibiréis poder, cuando haya venido sobre vosotros el Espíritu Santo, y me seréis testigos en Jerusalén, en toda Judea, en Samaria, y hasta lo último de la tierra" (Hechos 1:6-8). Jesús quería que sus discípulos alcanzaran el mundo, y no solo Judea. Debían comenzar por Jerusalén, pero su destino era las naciones.

PUNTOS DE FUEGO

SECCIÓN 4:

SUMERGIDOS EN FUEGO: EL BAUTISMO DEL ESPÍRITU SANTO

LA LLUVIA TARDÍA

"En aquel día vosotros conoceréis que yo estoy en mi Padre, y vosotros en mí, y yo en vosotros".

JUAN 14:20

TOTALMENTE SIN IGUAL

> *El bautismo en el Espíritu Santo no es insignificante, común o casual. No es un mero gesto religioso, una mano que se mueve para bendecirnos. No tiene igual. Es la promesa exclusiva de Jesucristo, y solo Él lo ha dado. Es maravilloso, y es la clara evidencia de lo que ha hecho por nosotros. JESÚS es el "que os bautizará en Espíritu" (Mateo 3:11). Esa es una de sus obras más bendecidas.*

EL BAUTISMO DEL ESPÍRITU SANTO NO ES SIMBÓLICO O CEREmonioso, no es una simple jerga religiosa para usar en la liturgia de la iglesia o la adoración congregacional. Es el poder del Espíritu Santo enviado para empoderar a la Iglesia para su tarea terrenal. Sin él, ningún alma puede salvarse a pesar de nuestros esfuerzos. No se producirá ningún cambio duradero en la Iglesia, con ella o a través de ella aparte del Espíritu Santo. Sin el bautismo del Espíritu Santo, la Iglesia se ve sobrepasada por las tinieblas que invaden la tierra mediante los trucos del enemigo (Juan 16:13).

SOPLAR NUESTRAS TRADICIONES CONSERVADORAS

> *Quizá cantamos: "Bienvenido, bienvenido, Espíritu Santo", pero Él no viene porque le demos la bienvenida. Él no es un huésped o un extraño invitado a pasar una hora o dos. Él es el Señor del cielo, y Él nos invita a su presencia. Donde hay fe y la Palabra, Él encuentra su entorno natural.*

LOS APÓSTOLES NO ESTABAN ORANDO PIDIENDO EL ESPÍRITU, PERO ÉL descendió e invadió el lugar. Cualquiera que fuera la atmósfera que estaban experimentando, fue soplada, invadida por un "viento recio" (Hechos 2:2). El Espíritu es la atmósfera del cielo mismo, y el cielo desciende aquí con Él. Él es el *pneuma*, el viento del cielo, que sopla nuestras tradiciones conservadoras y nuestro estancamiento y trae tiempos de refrigerio sobre todos.

PUENTE DEL CIELO A LA TIERRA

> *Ser bautizado en el Espíritu Santo es como estar en un largo continuo de la lluvia tardía (Joel 2:23, 28-29), conectando los cielos y la tierra con ríos de bendición que dan vida, produciendo fruto y poniendo fin a la sequía.*

EL BAUTISMO EN EL ESPÍRITU ES UN PUENTE ENTRE LA TIERRA Y el cielo para todos. Miqueas 5:7 dice que el Señor descenderá como "lluvias sobre la hierba". Quizá en un día tormentoso, cuando ha estado en el campo ha visto una tormenta a la distancia. El cielo es de color morado y está lleno de nubes tormentosas. Por debajo hay una pared de lluvia que va desde el cielo hasta la tierra. Une el cielo nublado con el campo, los cielos con la tierra. Esas nubes (los cielos), la lluvia que cae y los diluvios sobre la tierra son uno y lo mismo. El cielo y la tierra se unen. Cuando somos llenos del Espíritu, es "la lluvia tardía".

VÍNCULO SOBRENATURAL

> *Cuando somos bautizados en el Espíritu, somos llevados a la misma realidad que conoceremos en el cielo. El Espíritu Santo es el Santo; Él manifiesta a Dios de forma sobrenatural y divina así como de forma física. El bautismo del Espíritu Santo nos une al cielo de una forma que nunca antes hemos experimentado.*

EL ESPÍRITU SANTO SIEMPRE HA SIDO QUIEN NOS TRAJO LA operación de Dios. Él es ese vínculo entre el cielo y la tierra. Cuando somos bautizados en el Espíritu Santo, el evangelio llega a casa a los hijos de la tierra. Entramos en las nubes borrascosas de Dios de la lluvia tardía. Somos empapados en el Espíritu. Dondequiera que vayamos después de haber estado en el aposento alto, llevaremos señales y evidencias de ello. Dios estará con nosotros de una forma nueva, haciendo que sea difícil esconder las señales. Nuestras luces brillarán al encontrarnos con todos los viajeros por el camino. Y no estaremos solos, porque otros que vienen por detrás de nosotros llevarán las mismas señales de un vínculo sobrenatural con el cielo.

EL CIELO SIGUE ABIERTO

> *La puerta al cielo está abierta y seguirá abierta. Sus oraciones no pueden ser bloqueadas y tampoco las respuestas. Tiene pleno acceso al trono de gracia: "Acerquémonos, pues, confiadamente... para alcanzar misericordia y hallar gracia para el oportuno socorro" (Hebreos 4:16). No hay más obstáculos.*

TANTO DAVID COMO ISAÍAS ORARON: "INCLINA TUS CIELOS Y desciende" (Salmos 144:5; Isaías 64:1). Sucedió cuando Jesús vino. Los creyentes del Nuevo Testamento no necesitan orar eso otra vez. Cristo abrió los cielos y descendió hasta nosotros. Después regresó a través de los cielos, asegurando que permaneciesen abiertos. Los cielos inclinados se inclinaron para siempre; nunca han vuelto a coserse, ni por una aguja en mano de Satanás ni por ninguna otra mano. Mediante ese cielo abierto, el Espíritu Santo comenzó a descender: la lluvia tardía. Los cielos ya no son como bronce. El infierno no puede imponer sanciones y obstruir el Reino de Dios. No tiene poder para privar a los ciudadanos del cielo. El camino nuevo y vivo se estableció más allá del control del enemigo.

DINAMISMO DEL ESPÍRITU SANTO

"El viento sopla de donde quiere, y oyes su sonido; mas ni sabes de dónde viene, ni a dónde va; así es todo aquel que es nacido del Espíritu".

JUAN 3:8

AIRE EN UN FRASCO NO ES VIENTO

El estruendo, ese viento recio sopló en el aposento alto el día de Pentecostés y no ha cesado. Desde Pentecostés, el Espíritu Santo está moviéndose y actuando constantemente, llevando refresco y empoderamiento a la Iglesia. El Espíritu de Dios tomó el campo hace mucho tiempo, ¡y nunca se ha retirado de la batalla! Él no hace una "visita" de vez en cuando: vino para quedarse permanentemente.

¡UN PENTECOSTÉS CONTINUO! ¿QUÉ ES ESO? ES LO QUE COMENZÓ CUANDO JESÚS ASCENDIÓ pasando por las puertas de gloria: Él dejó la puerta abierta. Después, el ESPÍRITU SANTO DESCENDIÓ por la misma puerta (Hechos 7:56). Una fuerte brisa comenzó a soplar, un viento recio y poderoso. Sopló llevándose el aire estancado de la tradición religiosa con olor a moho. No necesitaron aire acondicionado en el aposento alto; se llenó de la frescura de la primavera de la Resurrección.

El Espíritu Santo está siempre actuando, siempre en acción. La palabra del Nuevo Testamento para Espíritu es *pneuma*, que significa viento o aliento: aire en movimiento. *Pneuma* NO significa aire residual. ¿Ha visto usted alguna vez un viento que no sople? Para que sea viento, debe estar en movimiento. Nunca he escuchado acerca de un "huracán residual" o un "vendaval calmado". El aire en un frasco no es viento. Si el Espíritu Santo es viento, entonces está en movimiento todo el tiempo o de lo contrario no es el Espíritu Santo. Pedirle al Espíritu Santo que se mueva es como pedirle al fuego que sea caliente. La idea de un Espíritu Santo que no se mueve es algo desconocido en las Escrituras. El Espíritu Santo siempre significa actividad divina. Él es el operador divino en la tierra.

VIENTOS DEL CIELO QUE PREVALECEN

Los hombres del tiempo hablan de vientos que prevalecen. Los vientos cambian, pero hay siempre una dirección normal o general, como los del oeste. Las corrientes de aire por lo general fluyen en esa dirección. Hay también un viento del cielo que prevalece. El Espíritu Santo sopla constantemente con la frescura de gloria pura, día y noche, siempre con dirección a nosotros.

TODOS DECIMOS QUE DIOS SE MUEVE POR NOSOTROS COMO respuesta a la oración. Lo hace, pero hay algo más. Él siempre se está moviendo. Dios se mueve HACIA nosotros, todo el tiempo, con corrientes que prevalecen de bendición y poder. Dios no viene en rachas, como un golpe ocasional repentino en una reunión de oración de una mañana de domingo o un viernes por la noche. Su soberana voluntad no es nada como eso. Su voluntad es lo que enseña la Escritura: que Dios no es una fuerza débil un día y una fuerza fuerte al día siguiente. No necesitamos un barómetro para Dios y tampoco ningún artilugio para la temperatura. Él no está cerca algunas veces para un avivamiento o sanidad, sino todo el tiempo: depende de nosotros, no de Dios, quien nunca cambia. Él no tiene estados de ánimo. Dios no tiene ningún factor de incertidumbre; es nuestra fe lo que tiene que conseguir vencer la incertidumbre.

NINGÚN CHORRO DE PODER

El Nuevo Testamento no hace distinciones en la obra de Dios. Las Escrituras nunca hablan en términos de "moveres" especiales de Dios, de chorros de poder o de espasmos de avivamiento. El cristianismo es un movimiento del Espíritu Santo de principio a fin. El Espíritu de Dios siempre se está moviendo y siempre está reavivando su obra.

EN LAS ESCRITURAS, LEEMOS ACERCA DEL ESTANQUE DE BETESDA, donde un ángel movía las aguas de vez en cuando (Juan 5:1-9). El que conseguía llegar primero al estanque era sanado. El estanque ofrecía una solución, pero no era un fluir constante, y acceder a él era muy competitivo. Un hombre yacía junto al estanque durante treinta y ocho años y nunca había sido sanado, hasta que se encontró con Jesús. Cuando se movían las aguas, nunca conseguía llegar a tiempo. El amor de Jesús, sus misericordias y su poder no son como el estanque de Betesda. Son constantes, y nunca se acaban. No dependen de nuestros esfuerzos personales; lo único que Él pregunta es si queremos recibirlo.

EN MOVIMIENTO PARA DIOS

> *El Espíritu Santo continuo necesita personas continuas. Pentecostés es una energía impulsora por su misma definición. El Espíritu está en constante movimiento. Mateo 28:10 es claro sobre el propósito para el viento del Espíritu Santo. "ID, DAD LAS NUEVAS A MIS HERMANOS".*

EL PENTECOSTÉS CONTINUO DEBE SER PENTECOSTÉS CON UNA DIRECCIÓN, y debemos hacer el ID y el DAD. En cuanto nos reunimos, Él está ahí para bendecir, sanar y salvar. El evangelismo por medio del Espíritu Santo es un vendaval de frescura que sopla a través de la sucia atmósfera de nuestras calles. Solo tenemos que asociarnos con el Espíritu Santo ¡y dejar que su viento sople!

EL DESBORDAMIENTO

"... Has ungido con perfume mi cabeza;
has llenado mi copa a rebosar".

SALMOS 23:5, NVI

NINGÚN ALMACÉN, SINO DIRECTO

> *En Cristo tenemos acceso a una energía renovable. No existen los cortes de energía. Usted nunca podrá agotar el poder de Dios. El Espíritu Santo continúa vigorizándonos como la vid vigoriza a los pámpanos: momento a momento.*

HECHOS 2 DICE QUE EL DÍA DE PENTECOSTÉS, LOS DISCÍPULOS fueron llenos del Espíritu Santo, y el resto del libro muestra cómo continuaron. Siguieron siendo llenos, "momento a momento", como dice el compositor: "Momento a momento soy guardado en su amor, momento a momento tengo vida de arriba. Mirando a Jesús...". Esto significa que Él es la vid y nosotros somos los pámpanos. Recibimos nuestra provisión fresca diariamente de Él. Jesús lo describió como algo tan continuo como un río (Juan 7:37-38). Estamos siendo renovados en poder espiritual según lo necesitamos y usamos.

FLUJO ININTERRUMPIDO

> *"Dios no da el Espíritu por medida" (Juan 3:34) cuando lo da. Por medida significa que no está pesado, no es precisamente una cantidad y no más, sino "medida buena, apretada, remecida y rebosando" (Lucas 6:38). Dios nunca da nada de una manera calculada. Por ejemplo, Él da vida, pero es sin medida, PORQUE ES SU VIDA y es ETERNA (Juan 3:16).*

LA DOBLE PORCIÓN DE ELISEO NO FUE SOLO UN POCO DE LO que tenía Eliseo. Dios nunca hace que algunos tengan la mitad y algunos tengan el doble que otros. El Espíritu Santo da "de" sí mismo, de su plenitud, no un galón o dos medidos. La Biblia prometió lluvias y ríos, no gotas. Los ríos poderosos no vienen con vaivenes, con cuentagotas, ni tampoco el Espíritu Santo viene como un chorro ocasional. Cristo escogió la expresión de "ríos" para indicar flujo ininterrumpido (Juan 7:37-38).

CLARA EVIDENCIA

"Y estas señales seguirán a los que creen: En mi nombre echarán fuera demonios; hablarán nuevas lenguas; tomarán en las manos serpientes, y si bebieren cosa mortífera, no les hará daño; sobre los enfermos pondrán sus manos, y sanarán".

MARCOS 16:17-18

UNA COLUMNA DE FUEGO

> *En Pentecostés, el Espíritu Santo se manifestó como una lengua de fuego sobre cada uno de los 120 discípulos que estaban presentes. Fue una señal de la presencia y el empoderamiento divinos. El fuego divino se dio para una comisión y protección divinas.*

EL FUEGO ES LA SEÑAL DE DIOS, SU LOGO. HAY MÁS DE CIEN referencias en las Escrituras al fuego de Dios. "Porque nuestro Dios es fuego consumidor" (Hebreos 12:29). Dos de los mayores eventos espirituales se inauguraron con fuego divino: el comienzo de la nación de Israel en el éxodo y el comienzo de la Iglesia con lenguas de fuego. Una cortina de fuego colgaba entre Israel y los egipcios en el éxodo, como una bandera que aseguraba a Israel que el Señor de los ejércitos estaba con ellos. La seguridad de que Dios está con nosotros es la misma hoy. Las lenguas de Pentecostés señalan que Dios está con nosotros. Jesús dijo: "Fuego vine a echar en la tierra" (Lucas 12:49). Como una flecha encendida con fuego, Dios le dispara a usted al campamento del enemigo para llevar salvación a los cautivos.

LA SEÑAL-REGALO ES UN PUNTO DE REFERENCIA

> *El bautismo del Espíritu Santo es una revolución total y permanente en la vida de la Iglesia. El Espíritu cayendo sobre todo el mundo fue el mayor cambio posible. El punto de referencia es una señal-regalo. Fue una revelación. Ellos sabían que había llegado el poder, el Espíritu Santo estaba con ellos, y nunca más lo volvieron a pedir. La misma señal del Espíritu Santo fue aceptada por los apóstoles: "Y fueron todos llenos del Espíritu Santo, y comenzaron a hablar en otras lenguas, según el Espíritu les daba que hablasen"*

(Hechos 2:4). No hay otro poder salvo el Espíritu Santo. Esta señal-milagro demostró que cualquier milagro es posible.

A LO LARGO DEL TIEMPO, HOMBRES Y MUJERES SIEMPRE HAN demandado o han recibido señales para estimular su fe. Tras el diluvio de Noé, Dios dio el arcoíris como una señal de que nunca más volvería a haber un diluvio mundial (Génesis 9:12-17). Aunque aún no tenía un hijo, Dios le dio a Abraham una señal para asegurarle que sería padre de muchas naciones (Génesis 15). Orar en lenguas es una señal pero no una señal vacía. Es una prueba dinámica y sobrenatural que habla de la presencia del Espíritu Santo en el creyente. Reafirma nuestra fe, pero también es un medio para comunicarnos; nos ayuda cuando oramos, cantamos, profetizamos y ministramos. Las lenguas son también un punto de referencia, marcando una nueva era en el trato de Dios con la humanidad: "Y en los postreros días, dice Dios, derramaré de mi Espíritu sobre toda carne" (Hechos 2:17).

APROBACIÓN

Hablar en lenguas es una señal de la presencia y el poder del Espíritu Santo en su vida. Introduce certeza en las dinámicas del Espíritu, haciendo de un fenómeno espiritual una experiencia natural y personal. Pentecostés significa: Dios y el hombre se regocijan juntos y unánimes en el lenguaje carismático.

"LES DABA QUE HABLASEN" ES UNA SEÑAL DE APROBACIÓN DE QUE EL ESPÍRITU SANTO ESTÁ en nosotros y con nosotros. De lo contrario, nunca podríamos tener certeza. (¿Habré orado lo suficiente? ¿Seré lo suficientemente santo? ¿He testificado lo suficiente?) Pero Dios nos moldeó por su Espíritu. El bautismo en el Espíritu es un evento físico y espiritual (1 Corintios 6:19) con una señal tanto espiritual como física.

¡LA SEÑAL DE LA POSIBILIDAD!

Después de la salvación del alma, orar en lenguas es el fenómeno más maravilloso de todos. ¿Qué puede ser más poderoso que el espíritu regenerado del hombre mortal despertado y hecho justo, hablando en un lenguaje celestial con su Padre? Orar en lenguas demuestra que no hay nada imposible.

EL DÍA DE PENTECOSTÉS, LOS 120 HABLARON EN LENGUAS, Y la multitud escuchaba y era sacudida. En mi vida, he sido testigo de cómo un millón de personas, en una reunión, recibían el mismo bautismo de fuego y oraban al Señor en nuevas lenguas por el Espíritu. Fue como el rugir de aguas bravas. “en los postreros días, dice Dios, derramaré de mi Espíritu sobre toda carne...” (Hechos 2:17). ¡Estos son esos días!

PUNTOS DE FUEGO

SECCIÓN 5:

HERRAMIENTAS DE FUEGO: LOS DONES Y EL PODER DEL ESPÍRITU SANTO

PRECIOSO Y MUY CARO

"Y estando Jesús en Betania, en casa de Simón el leproso, vino a él una mujer, con un vaso de alabastro de perfume de gran precio, y lo derramó sobre la cabeza de él, estando sentado a la mesa. Al ver esto, los discípulos se enojaron, diciendo: ¿Para qué este desperdicio? Porque esto podía haberse vendido a gran precio, y haberse dado a los pobres. Y entendiéndolo Jesús, les dijo: ¿Por qué molestáis a esta mujer? pues ha hecho conmigo una buena obra".

MATEO 26:6-10

¿SOLO UN CASCARÓN VACÍO?

> *EL ESPÍRITU SANTO no es un accesorio, sino la esencia misma de lo que creemos. Él es Dios en la tierra, morando activamente y saturando cada partícula de lo que experimentamos. Esto significa que el cristianismo es una fe sobrenatural. Un evangelio que no sea sobrenatural es un cascarón vacío.*

MUCHOS CREYENTES TRATAN AL ESPÍRITU SANTO COMO SI ÉL FUERA opcional, una sugerencia que pueden menospreciar y aun así seguir siendo buenos cristianos. ¡No! Él no es un apéndice de la experiencia cristiana; Él es el autor de ella, sosteniéndola a través de los milenios antes y después de Cristo. Él es el Anfitrión; sin Él, no hay banquete. Lo ignoramos a nuestro propio riesgo. El Espíritu Santo estaba ahí en el comienzo y estará ahí tras el final. Él es el Alfa y la Omega, y tenemos que prestar atención si queremos correr nuestra carrera y terminarla.

DERROCHADA EXTRAVAGANCIA DEL AMOR

> *La unción del Espíritu no es una experiencia de segunda mano, enviada para apaciguar o calmar su conciencia a fin de que tenga alguna bondad divina en usted. No, es algo auténtico: lo mejor de Dios. Es Él mismo. Lo hemos recibido mediante el Cristo crucificado, quien rompió el jarro de alabastro más caro de todos: su cuerpo, vertiendo la fragancia más cara sobre la humanidad.*

LA FRAGANCIA DEL PERFUME DE MARÍA ERA TAN RICA QUE invadió toda la casa. Fue un sacrificio tremendo y un acto de derrochada extravagancia del amor. Habla del amor de Dios, a través de Jesucristo, que nos da el regalo más caro de la unción del Espíritu

Santo. No es una experiencia barata sino lo mejor de Dios. Cuando Cristo fue a la cruz del Calvario, su cuerpo, el sacrificio más precioso de todos, fue dado. Con él, liberó la carísima fragancia del Espíritu Santo y toda la bondad divina de Dios sobre la humanidad.

VERTER SU FRAGRANCIA EXTENSAMENTE

> *Dios sopló en la Palabra, como una flor que bebe del viento y la luz del sol. Después la flor vierte de nuevo la luz del sol, transformada en belleza y fragancia. Llamamos a este proceso fotosíntesis. Algo parecido a una fotosíntesis espiritual debería ocurrir en cada vida cristiana. "Sed llenos del Espíritu" (Efesios 5:18), y no se mostrará solo en una devoción religiosa, sino también en belleza de carácter al verter su fragancia extensamente.*

¡LA OBRA PRINCIPAL DEL ESPÍRITU SANTO SOMOS NOSOTROS! ÉL NOS HACE SUS agentes. Una niña oró una vez: "Amado Señor, por favor haz que todas las personas malas sean buenas y que todas las personas buenas sean agradables". De algún modo ella debía haber observado que "bueno" no es necesariamente "agradable". ¡Dios nos conceda que seamos ambas cosas! Así es como el mundo sabrá acerca de Él.

DONES, NO COMPRAS

"Cuando vio Simón que por la imposición de las manos de los apóstoles se daba el Espíritu Santo, les ofreció dinero, diciendo: Dadme también a mí este poder, para que cualquiera a quien yo impusiere las manos reciba el Espíritu Santo. Entonces Pedro le dijo: Tu dinero perezca contigo, porque has pensado que el don de Dios se obtiene con dinero".

HECHOS 8:18-20

ENTENDER LA PERSONA DEL ESPÍRITU SANTO

> *Es necesario entender que el Espíritu Santo es Él, y no "ello". El Espíritu no es una fuerza impersonal, una especie de electricidad espiritual. La unción de Dios no es solo poder o dones, sino el Espíritu Santo mismo.*

SE USAN VARIOS ELEMENTOS PARA DESCRIBIR AL ESPÍRITU SANTO en las Escrituras: fuego, viento, agua. Pero es importante entender que el Espíritu Santo no es un elemento inanimado sino más bien una persona. Él no es una fuerza, como la fuerza gravitacional del universo o una corriente de electricidad. Él es la tercera Persona de la Santa Trinidad. Ni sus dones ni el fruto del Espíritu deben ser separados de Él. Usted tiene a Dios completo, no solo sus dones.

¿ALGÚN PRECIO QUE PAGAR POR LOS DONES?

> *¿Hay algún precio que pagar por los dones? Si lo hubiera, no serían dones sino compras (Hechos 8:18-20). Sin embargo, puede que sí haya que pagar un precio para su uso. Los que no están preparados para arriesgar su lujo, su comodidad, su reputación y quizá mucho más puede que no sean muy usados por Dios, incluso aunque Él les otorgue sus dones de poder.*

UN CONJUNTO DE HERRAMIENTAS COMPLETO PODRÍA SER UN REGALO MARAVILLOSO PARA UN carpintero, pero sería inútil sin el sudor de su frente. Los dones demandan compromiso; como dice Romanos 12:6: "úsese conforme a la medida de la fe". La vida de Dios se derrama con la nuestra. Los dones son para los dadores.

¡Para obtener, dé! Cuando Jesús envió a sus doce apóstoles, les dio autoridad para obrar varios milagros y los encomendó así: "Dondequiera que vayan, prediquen este mensaje: 'El reino de los cielos está cerca'. Sanen a los enfermos, resuciten a los muertos, limpien de su enfermedad a los que tienen lepra, expulsen a los demonios. Lo que ustedes recibieron gratis, denlo gratuitamente" (Mateo 10:7-8, NVI). Jesús enfatizó claramente que estas señales Él las había dado gratuitamente, y del mismo modo debían entregarse gratuitamente. Sin embargo, los discípulos tuvieron que emplear sus energías en ir, viajando a través de terrenos peligrosos, sacrificar sus comodidades y quizá ser perseguidos. El don es gratis, pero andar por el camino para el que el don le empodera requiere algo de usted.

PEDIR Y RECIBIR

> *La unción del Espíritu Santo no está en venta, y si lo estuviera, nadie podría comprarla. Lo único que se requiere es que usted venga y beba gratuitamente. "¡Vengan a las aguas todos los que tengan sed! ¡Vengan a comprar y a comer los que no tengan dinero! Vengan, compren vino y leche sin pago alguno" (Isaías 55:1, NVI).*

EL PODER DEL ESPÍRITU SANTO NO SE PUEDE PRODUCIR, bajar, fabricar o generar mediante un trabajo duro y mucha oración. El Espíritu Santo no espera a que usted sude. Jesús dijo: "Pedid, y se os dará... Porque todo aquel que pide, recibe" (Mateo 7:7-8). Dios solo tiene regalos; Él no tiene nada en venta. No tiene rebajas, ni descuentos, ni negociación, ni regateo, y no hay acuerdos. Solo tiene una cara: solo da. Y nosotros solo podemos hacer una cosa: recibir. Él no quiere nada de nosotros como pago. Si usted es un carbón muerto, consiga el fuego del Espíritu Santo y conviértase en un carbón vivo. Él le encenderá enseguida.

EL DULCE DE DIOS PARA USTED

> *Dios tiene más que suficiente de todo para todos sus hijos, y sin duda, para toda su creación. Usted no necesita tener envidia ni celos de otro ser humano. Y no tiene que sabotear, calumniar o hacer mal a otros para tomar la delantera. Si Él no retuvo a su Hijo de nosotros (Romanos 8:32) y nos ha dado su Espíritu gratuitamente (1 Corintios 2:12), ¿qué otra cosa podría retener de usted?*

EN LA ALEMANIA DE LA POSGUERRA, MIS HERMANOS Y YO RECIBÍAMOS UN dulce quizá una vez al año. Cuando mi hermano Pedro tenía un dulce en su boca, yo NO intentaba robárselo, sino que pensaba rápidamente. ¿De dónde consiguió mi hermano su dulce? Solo había una fuente posible: mamá. Mi mamá era muy justa, y yo lo sabía. Ella no daría un dulce a uno de sus hijos si no tuviera otro para cada uno de los demás. Yo corría hacia mamá y le decía: "Mamá, ¿dónde está MI dulce, por favor?". Y ahí estaba... ella lo ponía en mi mano. Del mismo modo, si usted ve a Dios bendecir a otro cristiano, otra iglesia o ministerio, ¡no sea celoso! ¡Vaya a Jesús! Él tiene "dulces" para usted. En Lucas 15:31, el Padre le dijo a su hijo: "todas mis cosas son tuyas". ¡Esta promesa es también para nosotros!

EL MAYOR DON

"Pero cuando se conviertan al Señor, el velo se quitará. Porque el Señor es el Espíritu; y donde está el Espíritu del Señor, allí hay libertad. Por tanto, nosotros todos, mirando a cara descubierta como en un espejo la gloria del Señor, somos transformados de gloria en gloria en la misma imagen, como por el Espíritu del Señor".

2 CORINTIOS 3:16-18

ÉL MISMO: EL MAYOR DON

No deberíamos confundir el Espíritu Santo con sus dones y obras. El Espíritu Santo es mayor que su efecto sobre nosotros o incluso sobre el mundo. Su presencia en nuestra vida es mayor que sus dones. El Espíritu Santo no viene solo para que podamos hablar en lenguas, sino que cuando está ahí, las lenguas son una evidencia. Todos sus dones están ahí para facilitar su relación con nosotros y con el mundo.

UNA NOVIA NO SE CASA CON EL NOVIO POR SU ANILLO, SINO por él. Dios no es un espectáculo. Su propósito es siempre amar: amarnos, conseguir nuestro amor y estar con nosotros en una comunión dinámica. Él trabaja en nosotros, a través de nosotros y con nosotros. Él es la fuerza de nuestro brazo y el fuego inextinguible de nuestra alma. Él nos trae dones espirituales, fruto espiritual y unidad (1 Corintios 12). Él aplica primero la sangre de Cristo para limpiar la mancha de nuestro pecado, después nos lleva al nuevo nacimiento y mucho más. Sin embargo, aparte de lo que hace, el Espíritu viene como Él mismo, porque eso es lo que Él es: nuestro mayor don. Es el deseo de Dios lo que hace a un verdadero cristiano, y no meramente las señales y maravillas.

NOSOTROS NO SOMOS AUTOSUFICIENTES

Somos creados para depender de la gracia y del poder de Dios. Sin Él, no podemos hacer nada (Juan 15:5). Nuestra suficiencia está en Él (2 Corintios 3:5). Dios pone su Espíritu en nosotros porque necesitamos que nos consuele, que nos guíe e incluso que nos corrija. Él activa sus dones y su poder en nosotros porque lo necesitamos para su misión: equipamiento espiritual para una tarea espiritual.

NO ESTAMOS DEDICADOS A ESTO POR NOSOTROS MISMOS CON UNA gran suma de capital espiritual y recursos espirituales que nos hagan ser independientes. No somos pequeños "cristos" autosuficientes. Recibimos, momento a momento, "de" la plenitud de Cristo nuestra plenitud, como los pámpanos de una vid reciben la savia. No somos vides por nosotros mismos, viviendo existencias separadas, sino que estamos completos en Él (Colosenses 2:10).

No estamos llamados a ir a todo el mundo con nuestra propia pequeña planta de poder para que la gente vea lo maravillosos que somos. Podríamos mostrar nuestro propio carisma y hacer saltar las chispas durante una hora; pero enseguida nuestra planta de poder personal se quedaría sin combustible. No somos generadores; somos conductores de su poder. Efesios 1:22 y 23 describen "... la iglesia, la cual es su cuerpo, la plenitud de Aquel que todo lo llena en todo". Él ha de llenarnos y actuar a través de nosotros. Nosotros somos canales, no la fuente. Jesús declaró: "Como el pámpano no puede llevar fruto por sí mismo, si no permanece en la vid, así tampoco vosotros, si no permanecéis en mí" (Juan 15:4).

OPERA UNA NUEVA LEY

> *Alégrese en el Espíritu. Usted está diseñado para flotar en las aguas del Espíritu Santo. No lo resista, no luche, tan solo relájese. Vaya, y deje que las corrientes grandes y gloriosas del Espíritu Santo le lleven a su destino.*

UN DÍA, DIOS ME DIJO: "¿NO SABES LO QUE SIGNIFICA NADAR?". Soy un buen nadador, así que pensé que sabía. ¿Pero realmente lo sabía? El Espíritu Santo me ayudó a ver algo que no había apreciado antes. Me dijo: "Cuando estás nadando, estás en otro elemento y opera una nueva ley. Debes dejarte y descansar del todo en las aguas del río. Esas aguas te llevan". Entendí lo que estaba diciendo. Mientras nado en el Espíritu Santo, sus aguas me llevan. El Espíritu me eleva, así como al nadar se libera el peso sobre mis pies, dándole un descanso a mi espalda y unas vacaciones a mis articulaciones. Él hace el trabajo. Entonces ¿cuál es el verdadero obstáculo? El verdadero obstáculo es confiar en uno mismo. Dependa de su propia energía y capacidad, y se encontrará caminando fatigosamente por la ladera del río, justo al lado de las mismas aguas que podrían sostenerle y llevarle con un mínimo esfuerzo.

AVIVAR EL DON

" trayendo a la memoria la fe no fingida que hay en ti...Por lo cual te aconsejo que avives el fuego del don de Dios que está en ti por la imposición de mis manos".

2 TIMOTEO 1:5-6

ESPIRITUALMENTE ACTIVADO

> *Los dones del Espíritu no son talentos naturales. Las habilidades personales de cada uno no se pueden llamar "dones espirituales". Los dones espirituales se activan por el poder divino. Dios puede obrar a través de cualquiera. Él no da lenguas solo a los lingüistas, sabiduría solo a los consejeros entrenados o dones de sanidad solamente a los doctores. Él no necesita que seamos brillantes para usarnos.*

CREADO A IMAGEN DE DIOS, AL HOMBRE SE LE OTORGAN talentos naturales que le permiten trabajar, estar enfocado y participar en el propósito redentor de Dios. Pero además de eso, Dios también da dones adicionales mediante el Espíritu Santo al hombre regenerado (1 Corintios 12:1-11). Estos no son talentos naturales, sino dones espirituales que mejoran nuestra capacidad para participar en la obra redentora de Dios. Mediante los dones del Espíritu podemos evitar las excusas naturales, las deficiencias y las ineptitudes. Su fortaleza se perfecciona en nuestras debilidades (2 Corintios 12:9), y todo lo podemos mediante Cristo que nos fortalece (Filipenses 4:13).

LAS MARAVILLAS NO SON UN FIN

> *Los dones del Espíritu operan por la fe en Dios, no por la fe en una teoría específica. No se canalizan mediante ninguna doctrina salvo la de la redención. El Espíritu Santo solo glorifica al Cristo crucificado.*

DIOS NO HACE MARAVILLAS POR HACERLAS. ÉL NO ES UN hombre espectáculo. Él no se dedica a dar sensaciones para llevar la fama a ningún egoísta que se pavonea. El Espíritu Santo está unido siempre al Cristo crucificado, incluso está vinculado en el nombre, el Espíritu de Cristo. Ellos solo tienen una cosa en mente: derrotar al diablo mediante el evangelio. El Espíritu encuentra cumplimiento solo en el evangelio. El evangelio es muy grande; es algo totalmente exhaustivo, y no deja nada sin afectar, visible o invisible, en la tierra, el cielo o el infierno.

NINGUNA MEDALLA HONORÍFICA

> *Los dones del Espíritu (1 Corintios 12:7-11) no son medallas honoríficas para llevarlas el domingo por la mañana a la iglesia. "Yo tengo cinco, ¿cuántas tienes tú?".* SON HERRAMIENTAS PARA EL TRABAJO *y se entregan en el momento en que usted se alista para la obra de Dios. Él no le dará un martillo cuando usted necesite un cincel. El Señor le dará diariamente la herramienta perfecta para la tarea asignada. Si se aplican las herramientas, usted verá milagros.*

LA PALABRA "PODER" EN HECHOS 1:8 (*DUNAMIS*), ES POTENCIAL, poder en la reserva, como un paquete de dinamita. Se quedará ahí, como una piedra, hasta que se active. La gente ora pidiendo "el poder" y sin duda lo reciben. La potencia *dunamis* está dirigida a la necesidad humana. Podemos ser como los culturistas espirituales, desarrollándonos solo para estar fuertes. ¿Qué sentido hay en que un hombre pueda levantar 250 kilos por encima de su cabeza en un espectáculo si no puede levantar un dedo para ayudar a su esposa en la cocina? ¿Qué sentido tiene que alardeemos de nuestro poder si no hacemos los trabajos que hay que hacer? La liberación de poder del Espíritu nunca es posible hasta que estemos activos.

ALIMENTARSE DE LA PALABRA

Jesús nos aconseja que no amontonemos tesoros en la tierra, donde están expuestos a los elementos y son vulnerables a los ladrones, sino que en su lugar los amontonemos en el cielo, donde están seguros (Mateo 6:19-21). Para ese fin, debemos prestar atención para no enriquecer nuestro intelecto o nuestras emociones a costa de nuestro espíritu.

LOS IMPÍOS HAN SIDO "LLEVADOS" POR SU CONOCIMIENTO previo, que era similar pero que pertenecía a "ídolos mudos" (1 Corintios 12:2). Los griegos eran famosos por el aprendizaje mundano, pero las cosas del Espíritu Santo son distintas. Un doctorado universitario en ciencias sociales o física no nos hace más sabios en las cosas de Dios. Estas últimas se aprenden recibiendo fuego en nuestro espíritu y no solo datos fríos en la cabeza. Si queremos crecer espiritualmente, debemos alimentar nuestro espíritu con la Palabra de Dios y orar en el Espíritu.

AYUDA DEL ESPÍRITU SANTO

¿Por qué dudar siempre de la Palabra de Dios? ¿Por qué no dudar de las mentiras del diablo? Hoy, decida dudar de sus dudas, y decida creer la Palabra de Dios. Si lo hace, pronto recibirá la ayuda celestial del Espíritu Santo.

¿POR QUÉ ES TAN FÁCIL CREER LAS MENTIRAS DEL DIABLO? ¿QUÉ TAL si Eva hubiera escogido dudar de las palabras de la serpiente? El resultado definitivamente habría sido distinto para todos nosotros (Génesis 3). Una vez que toma la decisión de confiar en Dios más que en sus dudas, puede acceder a la ayuda divina. La ayuda del Espíritu Santo le ayudará a fortalecer su fe, y es la fe lo que mueve las montañas que crea la duda.

PODER DE LO ALTO

"Todo lo puedo en Cristo que me fortalece".

FILIPENSES 4:13

PODER INAGOTABLE

Saber todo acerca de una central eléctrica aún puede dejarle frío y a oscuras. Puede tocar las paredes de una central nuclear y aun así estar helado. La clave para acceder al calor disponible es sintonizar con la fuerte de poder. Hay un poder inagotable en el Espíritu Santo dentro de usted para vencer la tentación y mantenerse santo, para caminar en sabiduría y mejorar en su carrera, para vencer la enfermedad, si tan solo aprende a sintonizar con él (2 Pedro 1:3).

EL ESPÍRITU SANTO VIVE EN NOSOTROS, DÁNDONOS EL PODER PARA resistir al diablo y vencer el mal. Solo debemos pedirle que nos ayude. Piénselo de esta forma: usted tiene electricidad en su hogar. La casa está cableada y conectada con la central eléctrica. Si llega a su casa en una noche oscura, puede que no haya luz ni calefacción en su hogar. Usted sabe qué hacer. Sube el interruptor, y llega la electricidad. Tiene luz y calefacción. Vivir en el poder del Espíritu es como encender el interruptor. Todo lo demás está preparado. Tan solo nos está esperando.

EL PODER DE DIOS LLEGA SIN FILTROS

El poder del Espíritu Santo es lo genuino: el verdadero poder divino, no una falsificación o un duplicado. La voz de Dios no está amortiguada en las Escrituras. Habla con autoridad y autenticidad: "Venid a mí todos los que estáis trabajados y cargados, y yo os haré descansar" (Mateo 11:28). La oferta es clara y concisa; si recibe a Cristo, vivirá una vida divina.

EN NUESTRAS CASAS, LA ELECTRICIDAD NO NOS LLEGA DIRECTAMENTE DE los generadores. Está filtrada por subestaciones y transformadores para reducir el voltaje. El poder de Dios, sin embargo, no nos llega mediante filtros. Cuando Jesús aparece, no es una sombra pálida de lo que era, no es un mero aliento. No tenemos un Cristo fantasma; Él es el Jesús vivo y no un eco de una esperanza lejana. El Espíritu Santo está atado a honrar el evangelio, y a través de Él, Jesús puede entrar en medio nuestro. Usted no puede llevar el evangelio sin poder así como no puede tener fuego sin calor. No estoy teorizando, sino que le estoy hablando de mi caminar con Él. Es real y funciona.

NO SE DISIPA

> *El poder de Dios no es un poder impersonal que se pueda disipar o acabar. El poder de Dios ES Dios. El poder del Espíritu Santo ES el Espíritu Santo. Dios no se evapora, se disipa, gotea o se debilita. El tiempo no le afecta a Dios, ni siquiera mil años. Si usted se mantiene conectado a Dios, caminará en poder.*

EL PODER DE DIOS SIEMPRE ES FUERTE Y SIEMPRE ESTÁ DISPONIBLE. Pablo pudo decir a los romanos con un año o dos de anticipación que él iría "con abundancia de la bendición del evangelio" y con la intención de "comunicaros algún don espiritual" (beneficio) para la iglesia (no para un individuo) cuando él fuera a verlos (Romanos 15:29; 1:11). Él conocía el fluir permanente y continuo del Espíritu de Dios. La única vez que los cristianos necesitaron una recarga es cuando dejaron de obedecer y sus contactos con Dios se oxidaron (como una batería vieja de un automóvil). Entonces, tuvieron que poner orden y comenzar a moverse de nuevo. El poder de Dios llega cuando usted camina, no cuando usted se sienta.

NINGUNA UNCIÓN NUEVA

Una vez ungido, siempre ungido. Primavera, verano, otoño o invierno, en el desierto o en la jungla, solo o con otros, la unción está siempre ahí. Puede desafiar a su mayor enemigo, vencer el mayor obstáculo y cumplir el destino que Dios le ha dado; lo único que tiene que hacer es creer.

DAVID SE ME ANTOJA COMO EL ÚNICO HOMBRE DEL ANTIGUO TESTAMENTO que sabía lo que significaba ser ungido. Estaba atrapado por el conocimiento de que Dios estaba con él. Por ejemplo, fue a desafiar a Goliat con la total seguridad de su unción. No le pidió a Samuel que le volviera a ungir, esta vez quizá con una "unción de Goliat". No pidió a los intercesores que orasen por él. Ni siquiera oró por sí mismo. Había sido ungido y él permanecía ungido; el paso del tiempo no había cambiado nada. Corrió hacia el filisteo y gritó: "tú vienes a mí con espada y lanza y jabalina; mas yo vengo a ti en el nombre de Jehová de los ejércitos" (1 Samuel 17:45) ¿Y qué ocurrió? El adolescente David derrotó al gigante.

PUNTOS DE FUEGO

SECCIÓN 6:

PERSONAS ENCENDIDAS: EL ESPÍRITU SANTO Y EL CREYENTE

NO HAY COPIAS IDÉNTICAS

"De manera que, teniendo diferentes dones, según la gracia que nos es dada, si el de profecía, úsese conforme a la medida de la fe; o si de servicio, en servir; o el que enseña, en la enseñanza; el que exhorta, en la exhortación; el que reparte, con liberalidad; el que preside, con solicitud; el que hace misericordia, con alegría".

ROMANOS 12:6-8

EL ESPÍRITU DE NOVEDAD

"¡Voy a hacer algo nuevo! Ya está sucediendo, ¿no se dan cuenta?" (Isaías 43:19, NVI). El Espíritu de Dios está trabajando en nosotros, renovándonos y refrescándonos para que no volvamos a nuestros viejos caminos o incluso a nuestras buenas tradiciones. A lo largo de su vida Dios quiere hacer cosas nuevas, establecer nuevas marcas, concebir nuevas ideas y obrar a través de usted para cambiar el mundo. No se estanque en lo viejo, el Espíritu de Novedad está sobre usted.

SI ENTIENDO BIEN A DIOS, ÉL ES UN CREADOR, UN ORIGINAdor. Cada vez, Él crea obras de arte. Él ni siquiera hace dos copos de nieve iguales, dos amaneceres o dos seres humanos iguales. Su mente es demasiado fértil y creativa para el trabajo repetitivo. La palabra "NUEVO" es la palabra de Dios. El Espíritu Santo es el Espíritu de novedad, que produce constante renovación y germinación: nuevo nacimiento, nuevas lenguas, nuevo vino, nuevas canciones y un nuevo corazón. Él trae un nuevo Espíritu, un pacto nuevo, un hombre nuevo, haciéndonos una nueva creación. Él nos ha dado un nuevo mandamiento e hizo un cielo nuevo y una tierra nueva. Sin embargo, es el mismo Espíritu y la misma meta: la salvación del mundo. Y este es nuestro papel, ser colaboradores junto a Cristo (1 Corintios 3:9).

LLAMAS GRANDES O PEQUEÑAS

Usted tiene un ADN divino. El poder que lleva dentro proviene de Dios mismo. No es inferior ni una falsificación, sino lo auténtico. Aquel que está en usted es mucho mayor y superior que el que está en el mundo (1 Juan 4:4). ¡Sea valiente y osado!

EN PENTECOSTÉS, LEEMOS QUE CUANDO VINO EL ESPÍRITU SANTO sobre los discípulos en el aposento alto, se produjeron "lenguas repartidas, como de fuego..." (Hechos 2:3). ¿REPARTIDAS de dónde? Las lenguas de fuego fueron repartidas del GRAN FUEGO que es DIOS. Pequeñas llamas fueron liberadas de Dios y cayeron, una sobre cada cabeza. La más pequeña de todas las llamas representa a DIOS TANTO como la más grande.

NO MÁS ORDINARIO

> *El fuego divino que viene del bautismo del Espíritu Santo cambia su estatus de ordinario a extraordinario. Usted toma un mandato divino y una tarea para ya no vivir para usted; rinde sus temores y ambiciones y acepta un propósito divino. Se convierte en un vaso escogido.*

MOISÉS HABÍA VISTO ZARZAS Y MATORRALES CADA DÍA DURANTE 40 años. No iba por ahí contemplando o estudiando los arbustos. Los arbustos del desierto no son fascinantes, cautivadores, coloridos o florecidos. Son bastante feos. Pero Dios tomó uno de ellos, muy común por sí solo, y lo hizo extraordinario. Ardió en llamas, pero no se consumía (Éxodo 3:2). Después Él habló desde el arbusto, la voz de la zarza ardiente. Moisés, en cierto modo, era como la zarza: común e incluso de menor grado. Era tan solo un trozo de madera arrastrada por las corrientes, un asesino fugitivo escondiéndose de la justicia sin futuro alguno. Era un mero pastor, y "pues los egipcios detestan el oficio de pastor" (Génesis 46:34, NVI). Moisés vio que la zarza ardiente no se consumía. No tenía ni idea de que ese era un momento que cambiaría su vida. Por curiosidad, se acercó para ver, contemplándolo fascinado. Entonces, una llama divina saltó de la zarza y se trasladó hasta su misma alma. Moisés, un mortal, se convirtió en un hombre llama. "Él hace... de las llamas de fuego sus servidores"

(Hebreos 1:7, NVI). En ese día, cuando usted se acerque para ver la zarza ardiente, dejará de ser ordinario y común.

SU UNCIÓN ORIGINAL

> *Usted ha sido maravillosamente creado, ungido y señalado por Dios para sus propósitos y para su tiempo y época. "Y como tus días serán tus fuerzas" (Deuteronomio 33:25) En vez de preocuparse por lo que no tiene, enfóquese en lo que sí tiene, dé un paso en fe y vea obrar a Dios a través de usted.*

EL DÍA DE PENTECOSTÉS, LOS 120 NO CLAMARON PIDIENDO UNA doble unción. Por favor, notemos: NADIE SALIÓ DEL APOSENTO ALTO CON DOS LLAMAS SOBRE SU CABEZA. Solo "y sobre cada uno de ellos se asentó una" (Hechos 2:3, DHH). Pero esta llama representa todo el fuego de Dios: su autoridad, poder y gloria. Cuando viajo por el mundo, a menudo me dicen: "Por favor, ore por mí; quiero tener su unción". ¿Mi respuesta? "¿Cree usted que si le doy mi unción, yo me quedaré sin ella? Claro que no". Pero este es un secreto maravilloso: si usted recibiera la unción de Reinhard Bonnke, se convertiría en una copia de Bonnke. Y permítame decirle: yo personalmente no quiero ser una copia de una copia, y Dios tampoco quiere eso para usted.

Si quiere saber algo sobre el carácter de Dios, tan solo piense en la naturaleza. Más de 7.500 millones de personas no tienen la misma huella dactilar, y no hay dos hojas de ningún árbol que tengan la misma estructura. ¿Por qué? Porque Dios no es un duplicador, sino un creador. Él solo produce ORIGINALES y no está al cargo de una máquina duplicadora. La llama que hay sobre su cabeza es tan personal que lleva su propio nombre. Está hecha a medida solo para usted. No le serviría a ningún otro ser humano. ¡Nadie sobre la tierra puede servir a Dios exactamente como usted! Usted es único, ¡y también lo es su unción!

MÁS QUE UNA DOBLE PORCIÓN

"De cierto, de cierto os digo: El que en mí cree, las obras que yo hago, él las hará también; y aun mayores hará, porque yo voy al Padre. Y todo lo que pidiereis al Padre en mi nombre, lo haré, para que el Padre sea glorificado en el Hijo. Si algo pidiereis en mi nombre, yo lo haré".

JUAN 14:12-14

EL DEDO DE DIOS

Hay un dedo sobre usted, pero no es un dedo de destrucción. Es el Dedo de Dios, dirigido hacia usted directamente para bendecirle, distinguirle y empoderarle para su servicio, ¡para sanar a los enfermos, resucitar a los muertos y echar fuera demonios! El dedo de Dios es el Espíritu Santo (Hechos 10:38). Él le libra de todo poder de las tinieblas y libera la bondad de Dios sobre su vida.

LAS BENDICIONES DE ISRAEL ESTÁN PACTADAS PARA "LA CIUDADANÍA de Israel" (Efesios 2:12). Cristo Jesús vinculó las maravillas a la nueva ciudadanía cristiana: "Mas si por el dedo de Dios echo yo fuera los demonios, ciertamente el reino de Dios ha llegado a vosotros" (Lucas 11:20). No hay un poder mayor que el del Espíritu Santo. Es poder del reino, y ningún otro poder se puede comparar. Por el Espíritu, Él distribuye sus ministerios a quien Él escoge.

EL MANTO DE ELÍAS

Jesús dijo: "he aquí más que Salomón en este lugar" (Mateo 12:42), "Antes que Abraham fuese, yo soy" (Juan 8:58), y respecto a Juan el Bautista: "Y si queréis recibirlo, él es aquel Elías que había de venir" (Mateo 11:14). Es importante darse cuenta de que usted ha recibido un manto muy superior al de Elías: el manto de Jesús, el bautismo del Espíritu Santo.

NO ES EXTRAÑO EN LOS CÍRCULOS PENTECOSTALES-CARISMÁTICOS oír a la gente orar pidiendo el manto de Elías: el poder de hacer descender fuego y obrar milagros, señales y prodigios como lo hizo Elías. Sin embargo, Jesús lo deja claro: "Y estas señales seguirán a los que creen: En mi nombre echarán fuera demonios; hablarán nuevas lenguas; tomarán en las manos serpientes, y si bebieren cosa mortífera, no les hará daño; sobre los enfermos pondrán sus manos, y sanarán" (Marcos 16:17-18). ¿Necesitamos pedir el manto de Elías? No, no lo creo. Jesús nos da su manto, el bautismo del Espíritu Santo. Lo único que debemos hacer es creer y andar en él, y las señales y prodigios nos seguirán.

LO IMPENSABLE

> *El Señor Dios no solo está "entre nosotros", sino que está dentro de nosotros. Su ausencia es impensable. No tenemos que buscarle, ayunar o clamarle a gritos, ni "reclamarle". Su presencia es esencial para la naturaleza misma de la fe cristiana.*

LOS PROFETAS LO PREDIJERON, PERO ELLOS MISMOS NUNCA lo conocieron. El último de los profetas, Juan el Bautista, dijo: "Yo a la verdad os bautizo en agua...él os bautizará en Espíritu Santo y fuego" (Mateo 3:11). Como parte del paquete redentor, los creyentes del Nuevo Testamento disfrutan de una nueva profundidad de intimidad divina. Más allá de tener comunión con Dios, Él está dentro de nosotros, en cada uno de los individuos salvados por su gracia (Juan 14:17). No tenemos que ganarlo; su amor lo garantiza. Si hemos nacido de nuevo, si nuestros pecados han sido limpiados con la sangre del Cordero de Dios, no hay nada que tengamos que hacer con respecto a su presencia; ¡Él ya está ahí siempre! Esa es la gloria de nuestra fe.

ÉL VIVE CON NOSOTROS

> *Dios está cerca de día y de noche. Si Él espera en la iglesia mientras nosotros seguimos con la vida, ¿cómo entonces nos salvaría y sería nuestra fortaleza? Los paganos van a los templos de sus dioses, pero Cristo está con nosotros*

siempre. Él está conmigo ahora, mientras escribo en este despacho, así como lo está cuando predico en las cruzadas. Nosotros variamos, pero Él no (Santiago 1:17). La oportunidad no le dicta. Él no tiene cambios de humor y no le manipulan nuestros cambios. Él no viene y va, no le persiguen nuestras actitudes. Nosotros somos temperamentales, pero Él siempre es el mismo.

DIOS NO SE APROVECHA DEL MOMENTO OPORTUNO CUANdo estamos en un estado de ánimo espiritual. Dondequiera que estemos, Él está ahí, incluso cuando estamos dormidos y no somos conscientes de su cercanía. El Salmo 4:8 declara: "En paz me acostaré, y asimismo dormiré; porque solo tú, Jehová, me haces vivir confiado". Podemos "vivir" confiados porque Él "vive" con nosotros. Cristo dijo: "y he aquí yo estoy con vosotros todos los días, hasta el fin del mundo" (Mateo 28:20).

REAL SACERDOCIO

"Mas vosotros sois linaje escogido, real sacerdocio, nación santa, pueblo adquirido por Dios, para que anunciéis las virtudes de aquel que os llamó de las tinieblas a su luz admirable".

1 PEDRO 2:9

CABEZAS CORONADAS DE FUEGO

Usted es un príncipe (princesa) con corona. Dios le ha coronado de gloria y fuego. Usted hace uso de la autoridad y el poder que hay sobre su cabeza: las lenguas de fuego del Espíritu Santo. "He aquí os doy potestad de hollar serpientes y escorpiones, y sobre toda fuerza del enemigo..." (Lucas 10:19). Usted no es un flojo. No se acobarde ante el enemigo, y no viva una vida ordinaria.

¡ESTÁ HECHO PARA LLEVAR UNA CORONA DE FUEGO! ESA NO fue la decisión de ningún comité. Es la voluntad de Dios que cada creyente lleve esta llama, vistiendo la DIADEMA de monarca del poder del Espíritu Santo. Una noble CORONA DE FUEGO sobre nuestra cabeza. UN RECONOCIMIENTO DIVINO. UNA CORONA DE AUTORIDAD VIVA. Bautizado en el Espíritu: CORONADO CON PODER.

Al igual que Moisés bendijo a los israelitas, sus palabras acerca de José fueron más que una bonita poesía (Deuteronomio 33:13-17). Declaró una promesa profética: "Y la gracia del que habitó en la zarza venga sobre la cabeza de José, y sobre la frente de aquel que es príncipe entre sus hermanos". La gracia de Aquel que habitó en la zarza venga sobre la cabeza de José es una promesa de la Biblia para nosotros. Cuando el Dios de la zarza nos corona, esa corona nos trae majestad y autoridad espiritual. Hablamos con poder y seguridad porque SABEMOS de quién es la autoridad con la que hablamos.

CABEZA ALTA

El evangelio no se nos dio para nivelarnos a todos según el denominador común más bajo, sino para crear nuevas criaturas y darnos a todos la dignidad de los hijos de Dios. Hombres que antes eran salvajes son reclamados y caminan ahora como príncipes. ¡Aleluya! ¡Qué razón para predicar el evangelio! ¿Podría haber algo más emocionante, aventurero y que valga más la pena? ¿Qué más merece el esfuerzo de toda una vida?

LOS CREYENTES PUEDEN CAMINAR POR ESTE MUNDO CON LA CABEZA alta, llevando la dignidad de la familia de Dios como señores y señoras del reino de los cielos. "Diga el débil: Fuerte soy" (Joel 3:10). Somos la adquisición preciosa y costosa del Redentor. Dios está con nosotros. Se nos ha confiado el poder del Todopoderoso, nos animan los ángeles, se nos ha otorgado fuerza, nos guía un llamado sabio, estamos involucrados en las órdenes eternas del Creador y hemos sido perfumados con su gracia. ¡El evangelio nos une a Dios para siempre!

FUEGO VIVO

Es sorprendente a qué personas usa Dios. No usa muy a menudo a los grandes hombres de la tierra, líderes brillantes o personas famosas, sino que por lo general escoge a hombres que no han logrado cosas grandes en el mundo. Dios no usa a muchos jefes de estado con coronas. Él escoge a los que han sido coronados con fuego. Esa es la calificación para su obra: la autoridad de la fe y el fuego.

HABÍA MUCHOS CÉSARES Y GOBERNANTES DISPONIBLES: PILATO, Caifás el Sumo Sacerdote, la élite religiosa y política de su tiempo; pero Jesús los esquivó a todos y se fue hacia simples pescadores y recaudadores de impuestos: los comerciantes sin educación ni cultura del mar de Galilea. Algunos habían engañado y otros robado, pero como eran maleables y cedieron, pudo moldearles para convertirles en personas que cambiarían el mundo, y así lo hizo. Hasta la fecha, Jesús sigue haciendo lo mismo: usando a hombres y mujeres de todos los trasfondos. Él los limpia con su sangre, los empodera por su Espíritu y los usa como agentes para cambiar el mundo. Usted también puede ser uno de ellos: fuego vivo.

NUEVAS DIMENSIONES DE GLORIA Y PODER

"Pedro y Juan subían juntos al templo a la hora novena, la de la oración. Y era traído un hombre cojo de nacimiento, a quien ponían cada día a la puerta del templo que se llama la Hermosa, para que pidiese limosna de los que entraban en el templo. Este, cuando vio a Pedro y a Juan que iban a entrar en el templo, les rogaba que le diesen limosna. Pedro, con Juan, fijando en él los ojos, le dijo: Míranos. Entonces él les estuvo atento, esperando recibir de ellos algo. Mas Pedro dijo: No tengo plata ni oro, pero lo que tengo te doy; en el nombre de Jesucristo de Nazaret, levántate y anda. Y tomándole por la mano derecha le levantó; y al momento se le afirmaron los pies y tobillos; y saltando, se puso en pie y anduvo; y entró con ellos en el templo, andando, y saltando, y alabando a Dios. Y todo el pueblo le vio andar y alabar a Dios. Y le reconocían que era el que se sentaba a pedir limosna a la puerta del templo, la Hermosa; y se llenaron de asombro y espanto por lo que le había sucedido".

HECHOS 3:1-10

UNA NUEVA DIMENSIÓN

El bautismo en el Espíritu con el hecho de hablar en lenguas no es una nueva Reforma, ni una renovación o decoración. Es una liberación, y le da a la enseñanza cristiana una nueva dimensión. El bautismo en el Espíritu es simplemente típico de quién es el Espíritu Santo: haciéndonos quedar "investidos" de poder.

LOS PROFETAS DE ANTAÑO NO FUERON BAUTIZADOS EN EL ESPÍRITU, sino que se movían cuando el Espíritu descendía sobre ellos. Les marcaba como profetas. A veces también se producían milagros. Cuando estos efectos sobrenaturales se veían, se achacaban al soplo o aliento de Dios. La palabra aliento es la misma que Espíritu en hebreo (*ruaj*). Cuando el rey Saúl fue tocado por Dios, todos pudieron verlo. Dijeron que el aliento o Espíritu de Dios había descendido sobre él. Él no habitaba en la gente del Antiguo Testamento, sino que más bien los movía de vez en cuando para propósitos especiales. Bajo el nuevo pacto, el Espíritu Santo habita en el creyente y le empodera, haciendo que la experiencia del Nuevo Testamento sea mucho mejor que la del Antiguo Testamento.

TESOROS EN VASOS TERRENALES

El Espíritu Santo en nosotros es un tesoro, pero nosotros no somos como un cofre de tesoros que contiene baratijas y ornamentos en su interior y que ha quedado en el fondo del océano tras un naufragio: oxidado, frío y oculto. Somos vasos que contienen oro puro, caliente, líquido. Es imposible tocarnos o mirarnos y no sentir el calor.

¿QUIÉNES SON LOS MÁS RIDÍCULOS: LAS PERSONAS QUE BAILAN DE gozo con la visión de Dios, o la gente que posa imperturbable como la esfinge, que no se movió ni siquiera cuando Napoleón le disparó con un cañón? La carne y sangre no es granito, el cual tras experimentar al Espíritu no muestra síntomas de ello. Lo que tenemos en vasos terrenales es un "tesoro" para mostrar que este poder excelente es de Dios (2 Corintios 4:7). Algo totalmente extraño será evidente para las mentes que están lejos de Dios, como Festo le dijo a Pablo: "Estás loco, Pablo; las muchas letras te vuelven loco" (Hechos 26:24). ¿Podría ser de otra forma si la gente experimentase la rama original del cristianismo?

MÁS QUE CAPACES

"Si Dios es por nosotros, ¿quién contra nosotros? El que no escatimó ni a su propio Hijo, sino que lo entregó por todos nosotros, ¿cómo no nos dará también con él todas las cosas?...¿Quién nos separará del amor de Cristo? ¿Tribulación, o angustia, o persecución, o hambre, o desnudez, o peligro, o espada?...Antes, en todas estas cosas somos más que vencedores por medio de aquel que nos amó. Por lo cual estoy seguro de que ni la muerte, ni la vida, ni ángeles, ni principados, ni potestades, ni lo presente, ni lo por venir, ni lo alto, ni lo profundo, ni ninguna otra cosa creada nos podrá separar del amor de Dios, que es en Cristo Jesús Señor nuestro".

ROMANOS 8:31-32, 35, 37-39

DISEÑADOS PARA TERRENO ESCABROSO

El cristiano no es un debilucho: una especie frágil sujeta a la dureza de los elementos y las brutalidades de otros. Como Ester, lo más educado, real y refinado en nosotros no es para tratarlo a la ligera (Ester 7:3-10). El poder del Espíritu Santo nos hace valientes como un león (Proverbios 28:1). Rugimos como el León de la tribu de Judá, y ¿por qué no? ¡Somos hijos e hijas de Dios!

CUANDO EL ESPÍRITU SANTO DESCENDIÓ SOBRE LOS CREYENTES, LES DIO más que el poder para hacer milagros, señales y maravillas. También les fortaleció para los desafíos de los tiempo y las persecuciones que enfrentarían. Con la llegada del Espíritu Santo, los apóstoles descubrieron una nueva resistencia, una nueva fuerza en su interior y un poder que actuaba en su debilidad, enviándoles a un mundo pagano embrutecido para demoler su negocio de ídolos y cambiar la historia. Esa es una verdadera marca de "la vida llena del Espíritu".

PRIMAVERA PERPETUA

La vida llena del Espíritu no es una experiencia a cultivar en condiciones especiales, como los lirios de interior. Los cristianos no son flores. El Espíritu Santo hace que los creyentes sean especies duras bajo cualquier condición. Llevan una primavera perpetua en su alma y están "invernizados".

USTED NO ES COMO UNA PLANTA CULTIVADA EN UN INVERNADERO, solo capaz de sobrevivir bajo condiciones especiales e incapaz de sobrevivir por usted mismo. El creyente está plantado junto a corrientes de agua viva. Usted lleva una primavera perpetua; sus hojas no se secarán, por muy extremas que sean las condiciones o el entorno. Al margen de las circunstancias, usted dará fruto para Dios (Salmo 1).

CHIMENEA

> *Sin una chimenea, la casa más bonita puede parecer poco acogedora en un frío invierno. Al igual que una estufa, usted está diseñado para llevar calor y confort a un mundo frío, oscuro y feo. Deje que el viento del Espíritu de Dios sople en sus brasas, llevándose las cenizas de la incredulidad y la desesperanza. Al añadir troncos de fe en la Palabra de Dios para su pequeña chimenea, comenzará a arder con el fuego del Espíritu Santo.*

DIOS CREÓ EL CORAZÓN HUMANO PARA SER UNA CHIMENEA. El viento "recio" tuvo que venir primero a soplar todas las cenizas y la basura, y después siguió el fuego (Hechos 2:1-4). El fuego verdadero emite calor. Los peces tienen la misma temperatura que las aguas en las que nadan, y algunos cristianos son iguales. Tienen la temperatura del entretenimiento pagano y se preguntan qué hay de malo. Cuando nuestra chimenea está encendida con un gran fuego, estamos calientes. Cambiamos la temperatura de nuestros entornos.

EL FUEGO RESUELVE PROBLEMAS

> *El diablo está cómodo cuando la gente está espiritualmente fría; y sigue estando cómodo por muy religiosos que sean. Enciéndase con el fuego del Espíritu Santo, y el calor alejará al enemigo.*

UNA SEÑORA ME DIJO "TENGO UN DEMONIO SENTADO SOBRE MI CABEZA". "¿Es usted hija de Dios?", le pregunté yo. Ella asintió.

Yo me quedé asombrado. De repente, el Espíritu Santo me habló y le pregunté: "¿Sabe usted que a las moscas les encanta posarse en una estufa fría, a menudo durante mucho tiempo? Encienda el fuego y el calor del Espíritu Santo en su vida, y su problema con el diablo quedará resuelto para siempre". Cuando su "estufa" está caliente y alguna mosca se acerca a ella, de repente siente el calor y cambia al instante su dirección. Gracias a Dios, estamos protegidos por un "muro de fuego": el fuego del Espíritu Santo.

NUNCA SOLOS

"Ahora, así dice Jehová, Creador tuyo, oh Jacob, y Formador tuyo, oh Israel: No temas, porque yo te redimí; te puse nombre, mío eres tú. Cuando pases por las aguas, yo estaré contigo; y si por los ríos, no te anegarán. Cuando pases por el fuego, no te quemarás, ni la llama arderá en ti. Porque yo Jehová, Dios tuyo, el Santo de Israel, soy tu Salvador...".

ISAÍAS 43:1-3

LA CONSTANCIA ES LA GARANTÍA

Dios no nos dio su presencia como grupo. No, el regalo de su presencia, de su Espíritu Santo, es personal. Es para usted. Es para mí. Es para cada uno de nosotros individualmente.

DIOS DIJO: "COMO ESTUVE CON MOISÉS, ESTARÉ CONTIGO" (Josué 1:5). Leemos: "Mas Jehová estaba con José" (Génesis 39:2). Esta seguridad individual abrazó a todo Israel para siempre. Dios dijo a aquellos líderes que no les dejaría, y esa promesa era para toda la nación. Leemos la promesa de su cercanía en las Escrituras, escrita hace mucho tiempo para todos los creyentes, pero no deberíamos rebajarla a un vago sentimiento. Es una garantía personal para mí, para usted, y para cada lector de la Biblia.

¿MÁS DE DIOS?

Usted tiene el Espíritu Santo en su plenitud, en persona y en poder, no un Espíritu Santo parcial. Él no está presente en trocitos. Usted no necesita más de Dios. Ya lo tiene al completo y también su plenitud. Tan solo ríndase a Él, crea que Él es verdaderamente todo y verá asombrosas manifestaciones del Espíritu Santo en su vida.

¿MÁS DE DIOS? POR FAVOR, TOME NOTA: SI ESTUVIÉRAMOS EN EL OCÉANO, estaríamos mojados y no podríamos mojarnos más. Estamos mojados con todo el Pacífico, todo el Atlántico del Espíritu, no salpicados por una gotita del cubo de un niño en la playa. Lo que nos moja, el agua que se nos adhiere, alcanza hasta las profundidades de Dios. Somos uno en el Espíritu con todo aquel que se baña en esas aguas. Piense en ello. El apóstol Pablo dijo:

"Porque por un solo Espíritu fuimos todos bautizados en un cuerpo... y a todos se nos dio a beber de un mismo Espíritu" (1 Corintios 12:13). La señal espiritual es fuego: fervor. La señal física es hablar en lenguas.

DOBLE SEGURIDAD

El Padre se une con el Hijo para asegurarnos que cuidarán de nosotros. "Y vuestra vida está escondida con Cristo en Dios" (Colosenses 3:3). Me gusta pensar en ello como una cerradura de seguridad de una cámara acorazada. Tenemos una doble seguridad. Nada puede separarnos.

VIVO CON LA SEGURIDAD DE QUE HE SIDO LAVADO CON LA SANGRE de Jesús, y nada puede separarme de su mano (Juan 10:28-30). Satanás no puede secuestrar mi alma. Está escondida con Cristo en Dios, y lleva la marca de la sangre de Cristo (1 Pedro 1:18, 19). "Regocijaos... Otra vez digo: ¡Regocijaos!" (Filipenses 4:4).

CORRECCIÓN EN ORACIÓN

Deje que esta verdad profundice en su alma. Deje que se refleje en su vida, en todo lo que haga o dondequiera que vaya. El Señor está con usted. Él nunca le dejará ni le abandonará (Hebreos 13:5). Este no es un cliché ni jerga carismática. Es una verdad y realidad espiritual.

TENEMOS LA COSTUMBRE DE ORAR, COMO YO LO SOLÍA HACER CUANDO ERA joven: "Por favor, Señor Jesús, desciende entre nosotros". Un día, me desperté y dije: "¿Cómo puedo rogarle a alguien que venga cuando prometió que nunca me dejaría?". Esto es así con Jesús, quien prometió que nunca, jamás nos dejaría (Mateo 28:20). Tenemos que vivir en la realidad de su presencia constante y cambiar nuestra antigua forma de orar.

PUNTOS DE FUEGO

SECCIÓN 7:

UN BOSQUE DE FUEGO: EL ESPÍRITU SANTO Y LA IGLESIA

UN NUEVO GÉNESIS

"Así que, los que recibieron su palabra (de Pedro) fueron bautizados; y se añadieron aquel día como tres mil personas. Y perseveraban en la doctrina de los apóstoles, en la comunión unos con otros, en el partimiento del pan y en las oraciones. Y sobrevino temor a toda persona; y muchas maravillas y señales eran hechas por los apóstoles".

HECHOS 2:41-43

¡QUÉ REGALO!

> *"Y de repente vino del cielo un estruendo como de un viento recio..." (Hechos 2:2). El Espíritu Santo descendió con gran fuerza y una demostración de poder. La Iglesia prospera cuando ministra en este poder, y las puertas del infierno no pueden prevalecer contra ella.*

CUANDO USTED ENTIENDE DEL TODO LA IMPORTANCIA DE LO QUE SIGNIFICA tener el bautismo del Espíritu Santo, se convierte en otra persona. Se unirá al ejército que sostiene el ariete de la Palabra de la Cruz que pulverizará las fortalezas del diablo. Este es el trueno de redoble de tambor del invencible brazo de Dios en la marcha. Cuando Dios me llenó con su Espíritu y abrió mis labios para hablar en lenguas, abrió mis oídos para oír el repique triunfante del anuncio de la trompeta diciendo que Jesús tiene todo el poder en el cielo y en la tierra. ¡Qué regalo!

LA PRIMERA CONGREGACIÓN CRISTIANA

> *La primera congregación cristiana fue una reunión solemne, pero no callada ni un grupo carente de poder. Hubo profecía, hubo predicación, y también se produjeron salvaciones y bautismos. El Espíritu de Dios comenzó a moverse de forma poderosa y no se ha detenido desde entonces.*

PARA HABLAR DE ÉL, PRIMERO TENEMOS QUE IDENTIFICARLE. ÉL ES el poder de Pentecostés. Él comenzó la Iglesia cristiana. Podemos saber exactamente dónde y cuándo sucedió esto. Fue en el año 29 d.C., en el festival judío anual celebrado 50 días después de la crucifixión de Cristo, llamado el día de Pentecostés. Esa mañana, el

Espíritu de Dios estalló sobre el mundo, no como una dulce influencia sino literalmente como un huracán (Hechos 2:1-4). Él anunció su propia llegada con el milagro de 120 discípulos empoderados y hablando en lenguas. Este estallido ruidoso atrajo a la primera congregación cristiana.

PERMANENCIA

> *No podemos separar al Espíritu Santo de la Iglesia. El Espíritu Santo habita, ha venido para quedarse. Ese es su trabajo, su tarea. Él está con nosotros siempre, hasta los confines de la tierra (Hechos 1:8). Él está con nosotros para empoderarnos, darnos valor y guiarnos. No recibimos un poquito del Espíritu Santo, el cual nos dura un tiempo y después tenemos que regresar a buscar más provisión, como si hiciésemos viajes regulares al supermercado. Siempre estamos llenos.*

LOS DISCÍPULOS NUNCA REGRESARON AL APOSENTO ALTO A REPETIR LA EXPERIENCIA. Jesús dijo a sus discípulos que se iba, pero que enviaría al Consolador, el cual nunca se iría. Jesús se tuvo que ir, pero nada podría hacer que el Espíritu Santo se ausentara. La permanencia es el carácter esencial del Espíritu. El Espíritu HABITA. Primera de Juan 2:27 dice que la unción "permanece". La palabra "permanece" (en griego *meno*) es la expresión favorita de Juan. Se usa 120 veces en el Nuevo Testamento, y 63 de ellas aparecen en Juan: 38 en su Evangelio y 25 veces en las Epístolas. Esta es solo una forma en la que Juan subraya la continuidad de la bendición, el poder y la unción de Dios. Tiene también otras formas. Él evita palabras que sugieran un final en el pasado, un término o interrupción de la actividad de Dios. Siempre presenta la obra de Dios como continua.

SIN HOGAR

Sin la Iglesia, el Espíritu Santo no tiene hogar. Es como la paloma de Noé que no encontraba lugar de descanso fuera del arca. Sin el Espíritu de Dios, la Iglesia es un mausoleo. Pero con el Espíritu Santo, la Iglesia se convierte en una poderosa fortaleza. Así, conquistamos y no somos conquistados.

"JESÚS LE DIJO: LAS ZORRAS TIENEN GUARIDAS Y LAS AVES DEL CIELO NIDOS; mas el Hijo del Hombre no tiene dónde recostar su cabeza" (Mateo 8:20). Cuando Jesús estaba en la tierra, era un hombre con una misión y no reclamó un hogar. Pero mediante el Espíritu Santo, Él viene a habitar con nosotros (Juan 14:23). Los corazones y las mentes dispuestas le dan a Dios más que una plataforma para ejecutar su propósito; le dan al Espíritu Santo un hogar aquí en la tierra. Dios desea hacer un hogar en su vida. Como en el cielo, también debería ser en así en su vida (Mateo 6:9-13). Dios quiere que su vida sea un lugar de consuelo, gozo, paz y felicidad.

EL TRANSFORMADOR INMUTABLE

"Entonces viendo el denuedo de Pedro y de Juan, y sabiendo que eran hombres sin letras y del vulgo, se maravillaban; y les reconocían que habían estado con Jesús".

HECHOS 4:13

HOMBRES Y MUJERES SUJETOS A PASIONES

Abraham, Moisés, Josué, Débora, Elías y Eliseo, todos estos nombres inspiran asombro y respeto, pero eran personas sujetas a pasiones como usted y como yo (Santiago 5:17). El mismo Espíritu que estaba sobre ellos está en nosotros. No recibimos un Espíritu o una experiencia de segunda categoría, y tampoco deberíamos esperar resultados de segunda categoría.

EL BAUTISMO EN EL ESPÍRITU DOTA A LOS CREYENTES DEL Espíritu de los profetas. Cuando los profetas experimentaban a Dios sobrenaturalmente, lo llamaban el Espíritu de los profetas. Joel 2:28 prometió que el mismo Espíritu de los profetas sería derramado sobre toda carne. Personas de todas clases profetizarían, no solo un individuo aquí y otro allá. Además, este derramamiento no sería para una sola tarea sino como un regalo permanente en Cristo para todos. El día de Pentecostés, como se describe en Hechos, "un estruendo como de un viento recio que soplaba, el cual llenó toda la casa donde estaban sentados; y se les aparecieron lenguas repartidas, como de fuego, asentándose sobre cada uno de ellos". Todos hablaron con nuevas lenguas sobre las "maravillosas obras de Dios". La profecía de Joel fue que los jóvenes y los adultos profetizarían, y Pedro declaró: "Mas esto es lo dicho por el profeta Joel". Describió nuevas lenguas como profecía (Hechos 2:15-17). La profecía es hablar bajo el poder de Dios, y lo vemos en estos últimos días al ser dotados del mismo Espíritu que los profetas de antaño.

PODER TRANSFORMACIONAL

El poder transformacional del Espíritu Santo es indisputable. Pescadores y campesinos se convirtieron en grandes apóstoles, débiles e indecisos pero habiéndose convertido en personas fuertes e influyentes. Llegaron a ser cabezas de lanzas en el Reino de Dios encendiendo la oscuridad del mundo con el fuego del evangelio.

UNO PENSARÍA QUE ERA UNA MISIÓN IMPOSIBLE: UN GRUPO de pescadores con la misión de cambiar el mundo. Sin embargo, estos don nadie la mayoría de ellos indoctos avanzaron con un nuevo secreto. Dios personalmente trabajaba con ellos a través de señales y maravillas. Más que eso, Él adornó sus sencillas palabras con convicción y guió esas palabras hasta los corazones de los oyentes de manera tan exacta y poderosa como lo fue la piedra de David cuando salió en dirección a la cabeza de Goliat. Sin carisma personal, el carisma del Espíritu de Dios les poseyó. Su "secreto" era sencillo: el Espíritu Santo.

PARA LOS MEJORES Y LOS PEORES DE NOSOTROS

El Espíritu Santo no escoge a los fuertes y capaces, aunque tampoco los ignora. Sin embargo, su principal propósito es dar fortaleza a los débiles y necesitados. Su debilidad atrae su poder, su total suficiencia y su dinamismo vivificante. Él viene para los mejores y para los peores de nosotros, según la promesa del Padre enviada mediante su Hijo. Leamos la historia del apóstol Pedro:

PEDRO NEGÓ A JESÚS TRES VECES MIENTRAS ESTABA AL LADO DE LA HOGUERA LA noche en que Jesús fue arrestado (Marcos 14:66-72). Preguntas con respecto a su identidad llegaron a él como un disparo, y negó miserablemente a Jesús su Señor. Las lágrimas corrieron por su barba cerrada, y cuando Jesús le miró en silencio, comenzó a irrumpir el arrepentimiento. Pero veamos lo que le ocurrió a Pedro el día de Pentecostés. Se convirtió en el vocero de los apóstoles del Cordero y él también guió a 3.000 personas al Señor ese día (Hechos 2). Dios da ese empoderamiento a las personas más miserables.

LA IGLESIA DOTADA

"Ahora bien, hay diversidad de dones, pero el Espíritu es el mismo. Y hay diversidad de ministerios, pero el Señor es el mismo. Y hay diversidad de operaciones, pero Dios, que hace todas las cosas en todos, es el mismo. Pero a cada uno le es dada la manifestación del Espíritu para provecho...Porque así como el cuerpo es uno, y tiene muchos miembros, pero todos los miembros del cuerpo, siendo muchos, son un solo cuerpo, así también Cristo...Vosotros, pues, sois el cuerpo de Cristo, y miembros cada uno en particular".

1 CORINTIOS 12:4-7, 12, 27

ZARZA ARDIENTE

Incluso en los desiertos más secos y solitarios, la zarza ardiente es algo magnífico: llena de poder y ofreciendo esperanza. Dios planeó que nuestras iglesias fueran zarzas ardientes desde donde Él pudiera hablar. Al ver una zarza ardiente, los feligreses oirán y escucharán la voz de Dios. Queremos bosques de zarzas ardientes.

SOMOS ZARZAS QUE ARDEN CON LA GLORIA DE DIOS Y EL fuego del Espíritu Santo, no cañas viejas en una ciénaga sucia que son débiles, que están mojadas y que no pueden arder. Cuando Moisés se encontró con la zarza ardiente, su vida fue transformada. Este hombre desesperanzado, errante y sin propósito recibió un propósito divino de Dios que cambiaría su vida, su destino y a su pueblo. Un hombre que se escondía de la ley fue empoderado para regresar con una vara de justicia a fin de liberar a los que estaban cautivos. Dios quiere que nuestras iglesias sean zarzas ardientes desde donde Él pueda hablar y transformar las vidas de muchos que están destituidos, sin esperanza, olvidados y abandonados, para darles propósito y una razón por la cual vivir.

CENTRAL ELÉCTRICA DE ORACIÓN

La oración secreta es el secreto del poder. Un cuarto de oración es una central eléctrica del Espíritu. Pero Dios quiere más. Él quiere que su casa sea una casa de oración para todas las naciones (Isaías 56:7). Dejemos que la oración se levante hacia y para las naciones, y que las aguas de sanidad inunden la tierra.

JESÚS DIJO: "CUANDO TE PONGAS A ORAR, ENTRA EN TU CUARTO, CIERRA la puerta y ora a tu Padre, que está en lo secreto" (Mateo 6:6, NVI). Cierre la puerta de su cuarto de oración, y se abrirá la puerta del cielo. Cuando los discípulos estaban en el aposento alto, las ventanas de gloria se abrieron, y el Espíritu Santo descendió como lluvia sobre ellos (Hechos 2). El diablo intentará impedir que usted ore, porque la oración le detiene a él. Por todo el mundo hay cuartos de oración, aposentos altos, en iglesias, universidades e incluso en oficinas de la administración. Son lugares típicos llenos del evangelio y de cristianos llenos del Espíritu. Un cuarto de oración es una central eléctrica. Hoy, "orad sin cesar" (1 Tesalonicenses 5:17).

LO QUE LA IGLESIA NO ES

> *Muy por encima de todos los fenómenos de señales y prodigios, nuevas lenguas o sanidades, está la predicación y enseñanza de la Palabra de Dios. Los milagros son el sistema de soporte de la verdad.*

LA META PRINCIPAL DE TODO SERVICIO DE IGLESIA DEBERÍA SER evangelística. ¿Por qué no íbamos a abrir todos los servicios a los de afuera? Especialmente en la Santa Cena cuando los emblemas del pan y el vino se toman. Qué maravillosa oportunidad de predicar primero salvación. Esa copa de vino rojo es el mejor predicador del mundo, para convencer a los pecadores de su pecado. Es el evangelio en una copa, una oportunidad para invitar a los pecadores perdidos a aceptar el sacrificio de la cruz. ¿Solo los limpios acudirán a la fuente?

LOS DONES DEL ESPÍRITU SON SOLO PARA SUS PROPÓSITOS

> *Los dones del Espíritu no se nos han dado para que podamos jugar a juegos de poder. El poder de Dios nos moldea y da forma como criaturas de SUS propósitos, y no de NUESTROS propósitos. "Porque tú creaste todas las cosas, y por tu voluntad existen y fueron creadas" (Apocalipsis 4:11). ¡Qué honor ser llamados a ayudar a edificar el Reino eterno de Dios! Nuestras manos mortales pueden edificar su Reino eterno aquí en la tierra. No hay poder mayor.*

EL DESEO DE POSICIÓN Y PODER EN EL REINO SE HA VISTO desde el comienzo de la Iglesia. Santiago y Juan, dos de los doce discípulos, le pidieron a Jesús: "Concédenos que en tu gloria nos sentemos el uno a tu derecha, y el otro a tu izquierda" (Marcos 10:37). La respuesta de Jesús fue educada pero fuerte: aunque pudieran beber de mi copa, y por lo general lo harán, esta petición yo no la puedo conceder (Marcos 10:39-40). A lo largo de la historia se han producido luchas de poder, guerras políticas y luchas territoriales. Los creyentes han peleado por la posición en la Iglesia, queriendo edificar sus propios reinos y perseguir su propia agenda. Pero solo hay una cosa importante: el propósito de Dios. Espero que usted y yo podamos dedicar nuestro talento y nuestra ambición a edificar el Reino de Dios. A fin de cuentas, "somos hechura suya, creados en Cristo Jesús para buenas obras..." (Efesios 2:10).

EL ESPÍRITU SANTO ES UN COMPOSITOR

No hay dos personas que operen en el Espíritu Santo del mismo modo. Tampoco hay dos iglesias iguales. Unidad no significa uniformidad, y unidad no significa semejanza.

SER DISTINTOS NO ES PECADO. LA EXPRESIÓN "PARA PROVECHO" en 1 Corintios 12:7 es la palabra griega *simferon*, de donde viene la palabra "sinfonía". El Espíritu Santo es un Compositor que dirige su propia obra, llevando contrapunto y armonía de muchos temas e instrumentos entretejidos. Él no necesita ni quiere que nadie toque la misma melodía. "Ahora bien, hay diversidad de dones, pero el Espíritu es el mismo. Y hay diversidad de ministerios, pero el Señor es el mismo. Y hay diversidad de operaciones, pero Dios, que hace todas las cosas en todos, es el mismo" (1 Corintios 12:4-6).

EMPODERADOS POR EL ESPÍRITU SANTO

"Pues me propuse no saber entre vosotros cosa alguna sino a Jesucristo, y a éste crucificado. Y estuve entre vosotros con debilidad, y mucho temor y temblor; y ni mi palabra ni mi predicación fue con palabras persuasivas de humana sabiduría, sino con demostración del Espíritu y de poder, para que vuestra fe no esté fundada en la sabiduría de los hombres, sino en el poder de Dios".

1 CORINTIOS 2:2-5

LLENOS DE PASIÓN

> *La intención nunca fue que los cristianos lucharan contra el mundo, la carne y el diablo solo con sus recursos naturales o su intelecto, ya sea que vivieran en el primer siglo o en el siglo XXI. El evangelio es el "poder de Dios" (Romanos 1:16). El Espíritu Santo nos da el poder que necesitamos, pero no cuando lo ignoramos.*

¿CUÁNTA PREDICACIÓN HOY SUENA COMO SI EL PREDICADOR acabara de regresar del aposento alto con los apóstoles? ¿Cuánto suena como si el evangelio fuera verdaderamente el poder de Dios? Los predicadores a menudo hablan a sus congregaciones como doctores: sin pasión, sin darle al Espíritu Santo la oportunidad de actuar. El mandato cristiano no se puede llevar a cabo sin la unción del Espíritu Santo. "Sed llenos del Espíritu", es nuestra instrucción (Efesios 5:18). Ser guiados por el propósito es parte del asunto, pero ser guiados por el Espíritu es el patrón del Nuevo Testamento. Él es el motivador y el poder motivador.

"Y PERSEVERABAN"

> *Si queremos las condiciones del Nuevo Testamento, tenemos que estudiar el patrón del Nuevo Testamento para saber qué esperar. Si hacemos lo que hicieron los apóstoles, obtendremos lo que obtuvieron los apóstoles. Si predicamos el evangelio original, obtendremos resultados originales.*

"Y PERSEVERABAN EN LA DOCTRINA DE LOS APÓSTOLES, EN la comunión unos con otros, en el partimiento del pan y en las oraciones. Y sobrevino temor a toda persona; y muchas maravillas y señales eran hechas por los apóstoles...Y el Señor añadía cada día a la iglesia los que habían de ser salvos" (Hechos 2:42-43, 47). La gente ora: "Hazlo otra vez, Señor". Pero nosotros deberíamos hacer *otra vez* lo que hicieron los cristianos de la iglesia primitiva; ellos no cesaban de dar testimonio (Hechos 5:42). Predicaban, daban testimonio y trabajaban como si todo dependiera de ellos, pero después oraban como si todo dependiera de Dios. Ellos dependían de Dios, y Dios dependía de ellos. Oh, que Dios pueda depender de usted y de mí para continuar: siendo fieles en la predicación, en la enseñanza y en el testimonio.

JESÚS SIN LIMITE, MILAGROS ILIMITADOS

> *La proclamación viene antes de la confirmación. Predique a un Jesús limitado, y Él no puede ser Él mismo. Él no salva a menos que usted predique a un Salvador. Él no sana a menos que usted predique al Sanador. Él bendecirá si usted predica a Aquel que bendice. El Espíritu Santo confirma la Palabra de Dios (Marcos 16:20). Él no confirma nuestra personalidad, o ego.*

EL ESPÍRITU SANTO SOLO PUEDE BENDECIR LO QUE USTED DICE ACERCA DE Jesús. El Espíritu no puede bendecir lo que usted no dice acerca de Él. Si "este mismo Jesús", el mismo "Jesús que predica Pablo", es predicado ahora, el Espíritu de Dios lo confirmará (Hechos 1:11; 19:13). ¿Cuántos son culpables de desnudar a nuestro precioso Señor? Los hombres le desnudaron una vez en su crucifixión; la incredulidad le desnuda de nuevo de su poder. Él ya no es poderoso para salvar y sanar en muchas iglesias. Para usar la expresión de Pablo, Él está "estrechado" en nuestras vidas, lo cual significa "sentirse acorralado sin espacio para actuar" (2 Corintios 6:12), atrapado en una fría y endurecida incredulidad. De nuevo leemos en Marcos 16:20: "Y ellos, saliendo, predicaron en todas partes, ayudándoles el Señor y confirmando la palabra con las señales que la seguían". Ellos predicaron, y el Señor confirmó. La proclamación viene antes de la confirmación.

SU DURADERA PRESENCIA

"Esforzaos y cobrad ánimo; no temáis, ni tengáis miedo de ellos, porque Jehová tu Dios es el que va contigo; no te dejará, ni te desamparará".

DEUTERONOMIO 31:6

"EMANUEL, DIOS CON NOSOTROS"

La presencia de Dios no fluctúa, no va y viene. Nada en el Nuevo Testamento sugiere esto. Todo el énfasis está en su presencia constante. Incluso el nombre de Dios se da como "Jehová-sama", Jehová está allí (Ezequiel 48:35). Dios está con nosotros como siempre ha estado, y siempre estará ahí.

AL PROFETIZAR EL NACIMIENTO DE JESÚS, LA BIBLIA USA EL nombre "Emanuel, Dios con nosotros" (Mateo 1:23). Las Escrituras nos dan muchas afirmaciones explícitas de la presencia divina. Dios nunca nos dejará solos. "Aunque ande en valle de sombra de muerte, no temeré mal alguno, porque tú estarás conmigo..." (Salmos 23:4). "Pues Jehová no desamparará a su pueblo, por su grande nombre; porque Jehová ha querido haceros pueblo suyo" (1 Samuel 12:22). El Señor le respondió a Moisés: "Ve, porque yo estaré contigo", y a Josué le dijo: "como estuve con Moisés, estaré contigo; no te dejaré ni desampararé" (Éxodo 3:12; Josué 1:5). Salmos 146:6 declara: "Que guarda verdad para siempre". El Señor es fiel a nosotros.

COMUNIÓN CON DIOS

Somos especiales, por haber recibido la oportunidad de tener una relación íntima y personal con el Creador y Señor de los cielos y la tierra. Mediante el Espíritu Santo tenemos comunión con el Padre y su Hijo Jesucristo. Esta es la bendición de la fe cristiana. Ninguna otra deidad o dios ofrece esta cercanía. ¡Somos amados!

¡JESÚS PROMETIÓ ESTAR SIEMPRE CON NOSOTROS! ¿QUÉ clase de hombre es este? Su presencia es comunión. Los teólogos usan las palabras "inmanencia divina". Eso no es lo que Jesús prometió. "Inmanencia" significa que Dios impregna el mundo. La atmósfera impregna el planeta, pero Dios no es una atmósfera. La Biblia habla de comunión con Él. No podemos tener comunión con una atmósfera. Los cristianos tenemos un servicio de comunión, y en él participamos de su vida. Este es un ejemplo de la maravillosa intimidad personal entre el Creador y sus criaturas. Esta es la marca exclusiva del Señor del cielo y de la tierra. Eso es imposible para cualquier otro salvo para el Dios verdadero, y no hay nadie fuera de Él. Eso es lo especial acerca de Dios. Él se muestra cercano a cada uno (Hebreos 13:5).

"ALLÍ ESTOY YO"

> *Dios no está presente en un sentido genérico: para todo el mundo en general pero para nadie en particular. Él no está dividido en proporción a los individuos. Su presencia no está regulada por nuestra importancia. Él está plenamente con cada uno de nosotros, y así es como Él está con toda la asamblea. Nosotros no generamos ni atraemos su presencia. Él ya está. "YO SOY".*

LAS PALABRAS DE CRISTO FUERON: "PORQUE DONDE ESTÁN DOS O TRES congregados en mi nombre, allí estoy yo en medio de ellos" (Mateo 18:20). Él no dijo "iré" sino "allí ESTOY". Cómo se adelanta a nuestras reuniones es parte del glorioso misterio de nuestro Dios. Nosotros no creamos o atraemos su presencia reuniéndonos unos con otros. Él no viene porque nosotros estemos ahí. NOSOTROS vamos porque Él está ahí. "Y a él se congregarán los pueblos" (Génesis 49:10). Los "dos o tres" podrían ser cualquier dos o tres que se reúnan en su nombre: creyentes. Puede ser dentro de una familia, incluso un marido y su esposa. Él no se retira del círculo doméstico. Las preocupaciones de una familia son sus preocupaciones. Cristo vino a nosotros primero en un hogar: el de María y José.

PLENAMENTE AHÍ

> *Dios está con nosotros en su plenitud, no en porcentajes. El Espíritu de Dios no se retira ni se retracta, no se evapora, disminuye o desaparece. Él habita (1 Juan 4:15). Dios no ha prometido estar con nosotros a veces, sino siempre.*

EL ESPÍRITU DE DIOS NO SOLO APARECE, COMO LA CONGREgación los domingos. Él no espera hasta que nos hayamos preparado para su visita con canciones apropiadas. No tenemos que orar para que Dios esté ahí, porque Él está ahí: SIEMPRE. ¡Él está plenamente ahí! Él nunca hace que su obra redentora dependa de nuestro estado emocional, el cual sube y baja como un elevador en el Empire State, el cual en un instante está en el suelo y al momento está en las nubes. El sol de Dios nunca se pone; Él siempre está en su punto más alto, en la posición de mediodía.

PRESENCIA ACTIVA Y NO PASIVA

> *La presencia del Señor es ACTIVA y no pasiva. Él no está con nosotros como una sombra: muda, carente de poder, olvidable y que no contribuye en nada a nuestra existencia. Él es como el Sol, del que no podemos y no intentamos escapar, cuyo poder y radiación dan vida a nuestra existencia.*

CUANDO EL ESPÍRITU DE DIOS VIENE SOBRE USTED, HAY EVIdencia de una vida cambiada y una vida que cambia constantemente de gloria en gloria (2 Corintios 3:18). Su vida no se puede quedar estancada; eso es contrario a la naturaleza de Dios. El Señor de los vientos calmará las tormentas. El Príncipe de Paz llevará paz a su vida. Él sanará su cuerpo, bendecirá la obra de sus manos, bendecirá el fruto de su vientre y le transformará en un testigo vivo. La presencia de Dios se puede discernir; tiene un impacto definido. El Señor dijo: "Ciertamente estaré contigo", y Jesús dijo: "Yo estoy con vosotros todos los días, hasta el fin del mundo" (Éxodo 3:12; Mateo 28:20). Jesús cumplió su promesa. "Los discípulos salieron y predicaron POR TODAS PARTES, y el Señor los ayudaba..." (Marcos 16:20, NVI).

PUNTOS DE FUEGO

SECCIÓN 8:

ENCENDIDOS: EL RETO DEL ESPÍRITU SANTO

ES SU MOMENTO

"Porque para vosotros es la promesa, y para vuestros hijos, y para todos los que están lejos; para cuantos el Señor nuestro Dios llamare".

HECHOS 2:39

HECHOS DE LA IGLESIA DE LOS ÚLTIMOS TIEMPOS

> *El Espíritu Santo no terminó en el capítulo 28 del libro de Hechos. El día de Pentecostés tiene ya más de dos mil años. Continuamos los Hechos de los Apóstoles hoy. Primero pasó a los Hechos de la iglesia primitiva y ahora a los Hechos de la iglesia de los últimos tiempos. El libro de Hechos describió el día de las cosas pequeñas, simplemente poniendo el fundamento para nosotros hoy.*

LOS "DÍAS DE PENTECOSTÉS" CONTINÚAN. DESDE PENTECOSTÉS, el Espíritu de Dios, como un viento recio, se ha estado moviendo en una forma nueva y poderosa por todo el globo hasta todos los lugares oscuros de la tierra. La iglesia primitiva y los apóstoles hicieron su parte, narrada en el libro de los Hechos, pero eso no fue todo lo que hizo el Espíritu Santo, ha hecho o está haciendo. Ahora, nosotros en esta generación debemos añadir nuestra parte a los Hechos del Espíritu Santo.

El viento del Espíritu se está moviendo, y debemos movernos con él. No importa el lugar donde se encuentre usted ni lo oscuro que esté; debe creer que el viento del Espíritu de Dios está soplando allí mismo, y si declara la Palabra, habrá luz, salvación, liberación, sanidades y milagros. Así que sea valiente, y declare la Palabra dondequiera que esté. Verá resultados, porque el viento del Espíritu está soplando y ya ha ido delante de usted.

PRIMERA MUESTRA

> *Los primeros cristianos no son nuestros modelos a imitar. ¡Jesús sí lo es! El libro de los Hechos no describe el clímax del poder de Dios, sino que es una*

primera muestra del potencial del Espíritu Santo. Confíe en Dios infinitamente, ¡porque Él no tiene máximo!

LA HISTORIA DE LA VENIDA DEL ESPÍRITU SANTO Y LAS VIDAS de los primeros apóstoles y el surgimiento de la iglesia son solo una primera muestra de las posibilidades del ministerio del Espíritu Santo. El campo está abierto para nosotros. Cristo dijo: "De cierto, de cierto os digo: El que en mí cree, las obras que yo hago, él las hará también; y aun mayores hará..." (Juan 14:12). Jesús es nuestro ejemplo. Pablo oró: "alumbrando los ojos de vuestro entendimiento, para que sepáis... cuáles las riquezas de la gloria de su herencia en los santos, y cuál la supereminente grandeza de su poder para con nosotros los que creemos, según la operación del poder de su fuerza, la cual operó en Cristo, resucitándole de los muertos y sentándole a su diestra en los lugares celestiales" (Efesios 1:28-20).

HOY

En esta era, hay conversiones masivas en algunas de las partes más difíciles del planeta. Sanidades, milagros y prodigios abundan en la Iglesia. La verdad de la Palabra de Dios se está experimentando hoy, incluso como ocurrió en la iglesia primitiva, y es todo por el poder del Espíritu Santo.

ALGO POSITIVO ESTÁ OCURRIENDO EN LA GENTE HOY. LLEVA las marcas bíblicas de lo que el Señor prometió en las Escrituras: "Y en los postreros días, dice Dios, derramaré de mi Espíritu sobre toda carne, y vuestros hijos y vuestras hijas profetizarán; Vuestros jóvenes verán visiones, y vuestros ancianos soñarán sueños; Y de cierto sobre mis siervos y sobre mis siervas en aquellos días derramaré de mi Espíritu, y profetizarán" (Hechos 2:17-18). Dios está cumpliendo su palabra, y Jesús está bautizando en el Espíritu Santo. No hay argumento contra ello. Está ocurriendo, y le ocurrirá a usted.

LLEVADOS

¡El río de Dios es enérgico! Cuando nuestras vidas se identifican con sus propósitos, somos llevados a medida que Él hace un barrido desde el pasado eterno hasta el futuro eterno. Permita que el Espíritu Santo "le lleve".

ANTES DE SER EL APÓSTOL PABLO, ERA SAULO. REUNÍA CARTAS de los principales sacerdotes y líderes religiosos de su tiempo autorizándole a perseguir a la Iglesia. En el camino de Damasco, el Señor se le apareció. "Saulo, Saulo, ¿por qué me persigues? Dura cosa te es dar coces contra el aguijón" (Hechos 26:14). Saulo iba contra las corrientes del destino. Cuando se rindió a Jesús, entró en las corrientes del Espíritu Santo y se convirtió en un poderoso apóstol al que Dios usaría para impactar a miles de millones de creyentes. Si la vida que usted está viviendo no merece la pena, intente algo nuevo: una vida escrita por el Espíritu Santo.

FUEGO EN LA ESTUFA

No importa quién sea usted o cuál sea su pasado, ya que usted también puede ser usado por Dios de forma poderosa. Si está encendido, Él le usará. Tan solo ríndase a Él y deje que el Espíritu Santo le empodere para la oración, el estudio, la adoración y la predicación para ir a las naciones, y verá las señales y prodigios que seguirán (2 Timoteo 2:20-21).

¿POR QUÉ USA DIOS A ALGUNAS PERSONAS Y A OTRAS NO? Imagínese que tiene dos estufas en casa. Una está caliente y la otra fría, y quiere calentarse una taza de café. ¿Cuál de las dos estufas usaría? LA CALIENTE, por supuesto. ¿Lo entiende? Esa es la razón por la que Dios puede usar a algunos y no a otros. Muchas personas oran así: "Úsame, Señor", pero esa no es la forma correcta. En su lugar, ore: "Señor, hazme usable". Su fuego nos hace usables. ¡Él usa lo usable automáticamente! Aleluya.

FE COMO UN GRANO DE MOSTAZA

"Porque de cierto os digo, que si tuviereis fe como un grano de mostaza, diréis a este monte: Pásate de aquí allá, y se pasará; y nada os será imposible".

MATEO 17:20

ALAS DE FE

> *En el centro del fruto del Espíritu, amor, bondad, mansedumbre, etc., está la semilla de un poder ilimitado. El cristiano no es ni una especie tímida ni domesticada. Puede que pongamos la otra mejilla y suframos persecución por causa de Él, pero tenga por seguro que llevamos en nuestro ser el poder completo del Espíritu Santo para transformar, levantar a los muertos y aplastar al infierno. Tenemos fe incluso para mover montañas y alzar valles. Con Dios nada será imposible para nosotros (Lucas 1:37).*

NINGUNA TAREA ES MAYOR QUE OTRA CUANDO SE MIDEN POR la fe. Una valla, una casa, una colina o una montaña no tiene importancia para un pájaro que vuela por encima de ellas o para la persona que vuela con alas de fe. Lo que Dios le ha llamado a hacer solo es posible mediante la fe; cuando usted se mueve (y vuela) en fe, es capaz de vivir y moverse en el Espíritu Santo en formas nuevas.

VOLAR, NO RONCAR

> *Por la fe "levantarán alas como las águilas" (Isaías 40:31). ¡Volar, no roncar! No vaya roncando por la vida, durmiendo mientras enfrenta los obstáculos de su vida. Vuele por encima de ellos estirando sus alas de fe hoy. Y MUÉVASE EN EL ESPÍRITU SANTO.*

VIVIMOS POR FE Y NO POR VISTA (2 CORINTIOS 5:7). ALGUNAS situaciones en nuestra vida nos pueden parecer abrumadoras por la forma en que aparecen o por cómo las sentimos con nuestros sentidos físicos. ¡Pero espere! No doble sus rodillas aún. Nuestra fe está arraigada en la Palabra de Dios. "Todo lo puedo en Cristo que me fortalece" (Filipenses 4:13).

ROMPER LA COSTRA DE INCREDULIDAD

Usted está diseñado para ser un volcán activo de fuego divino. No tiene que ser como una gélida montaña cubierta de nieve, majestuosa pero fría y sin poder. Deje que el volcán entre en erupción por el cráter, y deje que el fuego del Espíritu Santo fluya desde su interior (Hebreos 12:29).

LA FE ES COMO UN VOLCÁN, BURBUJEANDO Y BUSCANDO LA FORMA DE LLEGAR al borde. Una vez que rompa la costra de incredulidad, se producirá una potente erupción. Siempre que Dios consigue atravesar nuestra costra de incredulidad, se produce una muestra de su asombroso poder, desafiando todos nuestros estados de humor y perplejidades. ¿Cuál es el grosor de la costra de nuestra duda? ¿Cuánto nos resistimos a confiar en Dios? Si entregamos nuestra incredulidad, se producirá un canal secreto que encauzará el fuego de Dios para nuestro alivio, el fuego del Espíritu Santo.

CREYENTES, NO MENDIGOS

Más que por amor y generosidad, Dios nos da su Espíritu por necesidad; Dios está desesperado por llenarnos con su Espíritu y empoderarnos para su obra. No necesitamos mendigar o rogar su bendición. Él está más que dispuesto; ¡Él está listo! Tan solo crea y recibirá.

¿QUÉ HAY DE "QUEDARSE EN JERUSALÉN"? (LUCAS 24:49). JESÚS dijo a sus discípulos que esperasen porque, en ese tiempo, el Espíritu Santo aún no había sido dado y no sería hasta que Jesús fuera glorificado (Juan 7:39). Tuvieron que esperar en Jerusalén a que ocurriera ese histórico momento: el día de Pentecostés. PERO

AHORA ÉL ESTÁ AQUÍ. Pentecostés es un hecho, y usted puede experimentarlo personalmente cualquier día de la semana. No tenemos reuniones de súplica, solo reuniones de recibimiento. A Jesús le encanta cumplir su Palabra en nuestras vidas. Somos creyentes, no mendigos.

NO CON FUERZA NI CON SENTIMIENTOS

"...No con ejército, ni con fuerza, sino con mi Espíritu, ha dicho Jehová de los ejércitos".

ZACARÍAS 4:6

PODER Y SENTIMIENTOS

> *El bautismo en el Espíritu produce un poder permanente pero no un sentimiento permanente de poder. Por fortuna, no medimos el poder por los sentimientos o por lo que vemos. El poder espiritual es una fuerza latente en nuestro espíritu; pero cuando las circunstancias piden que lo usemos, la fortaleza espiritual está ahí. El suministro es inmediato, supliendo la necesidad según va surgiendo. No deje que su dependencia de los sentimientos le robe sus victorias espirituales.*

LOS CABLES, QUE PUEDEN TRANSPORTAR 110.000 VOLTIOS, SON EXACTAMENTE iguales lleven corriente o no. De forma similar, nosotros no podemos juzgar nuestro propio poder muscular por los SENTIMIENTOS sino por una EXPERIMENTACIÓN. Los hombres fuertes no sienten su fuerza. No se pueden sentar y disfrutar de su fuerza junto a la chimenea; sin embargo, cuando se les pide levantar algo pesado, CONOCEN su fuerza y lo hacen. Cuando nos sentamos y descansamos, no nos sentimos llenos de poder. Nos sentimos totalmente ordinarios, no somos conscientes de su gran poder dentro de nosotros (2 Corintios 10:1-6).

Casi todas las oraciones pidiendo poder son realmente por un SENTIMIENTO DE PODER, un deseo de sentir el latir o la pulsación que acompaña al poder. Eso es perder el enfoque. La fortaleza es evidente cuando se usa. Un hombre levanta mancuernas, y su fuerza aparece. Algunos nunca hacen nada para Dios porque no "sienten" el poder o la fortaleza. Siguen orando por lo que probablemente ya tienen. ¡Qué pérdida de tiempo y energía! El poder de Dios estará ahí cuando se necesite. Los hombres ricos no llevan millones de dólares encima. Sacan sus recursos cuando quieren. No necesitamos temblar bajo el peso del poder divino desde el desayuno hasta la cena. Trabajamos porque ÉL tiene todo el poder, no nosotros. Eso es lo que importa.

EL ESPÍRITU SANTO NUNCA SE VA

El Espíritu Santo está totalmente presente, ya sea que lo sintamos o no. Sus dones y su poder no dependen de nuestra capacidad de sentirlos. Si nos posicionamos por fe sobre su Palabra, el Consolador vendrá y habitará con nosotros (Juan 14:16). Sabemos que Él está siempre ahí, y que nunca nos dejará ni desamparará, bajo ninguna circunstancia (Hebreos 13:5).

UNA VEZ OÍ A UN EVANGELISTA QUE REHUSÓ SUBIR A LA PLAtaforma a predicar. Dijo: "No siento la unción" y en vez de subir a la plataforma, clamó y oró en la parte posterior pidiendo la presencia de Dios. Pero estaba equivocado; el Espíritu Santo no es un bien sino una persona: la tercera Persona de la Trinidad. Sin embargo, ninguna persona puede aparecer en porcentajes, la mitad o un cuarto de uno mismo. El Espíritu Santo siempre está totalmente presente, incluso cuando estamos ausentes mentalmente o no podemos sentirlo. A veces, cuando predico delante de cientos de miles de personas, no siento su presencia. ¿Qué hago? Recuerdo que Jesús nos dijo que el Espíritu Santo estaría con nosotros para siempre; después me apropio de esa promesa por fe. Predico la Palabra de Dios, que es siempre honrada y confirmada por el Espíritu de Dios. No siempre sentimos el poder, pero Él siempre está ahí. El Espíritu Santo nunca se va.

ES TIEMPO DE COLABORAR CON EL ESPÍRITU SANTO

Todas las operaciones no inspiradas por Dios son temporales, pero la asociación Jesús-Espíritu Santo durará mucho más que cualquier cosa que se mueve. Es parte del orden de Dios en la creación y continuará para siempre, con o sin nosotros. Somos libres para ser un fracaso si así lo queremos, o héroes de la fe.

TODO LO QUE DIOS HACE EXISTIRÁ PARA SIEMPRE (ECLESIASTÉS (3:14). Esto es tan cierto con respecto a la creación de Dios como lo es acerca de nuestra vida y ministerio. Podemos escoger incluir a Dios en cada aspecto de nuestra vida y ser Cristo-céntricos en nuestros tratos, o podemos escoger ignorar por completo la realidad de Dios. Pero yo personalmente quiero desafiarle a hacer algo más que poner a Dios en la ecuación; quiero que colabore con Dios para resolver la ecuación. Permita que Él le ayude con su destino, su salud, su familia, su ministerio, etc. Cualquier cosa que le preocupe, Él está dispuesto y puede ser una parte de la solución.

PODER SOBRENATURAL

"Porque Dios es el que en vosotros produce así el querer como el hacer, por su buena voluntad".

FILIPENSES 2:13

COLGAR EL PESO EN LA MÁQUINA ELEVADORA

Si un bloque de mil toneladas de hierro tuviera que ser alzado con una grúa, ¿cuánto podría usted ayudar? Imagine que pudiera cargarla e intentara tirar de ella. ¿Qué diferencia supondría eso? No habría diferencia, y no ayudaría en nada.

¿QUÉ TAL SI HUBIERA QUE LEVANTAR EL MUNDO ENTERO? ESA ES UNA TAREA para Dios, mediante el poder de su muerte expiatoria y resurrección. ¿Cree que usted quitaría la carga de sus hombros y haría algún intercambio de tipo Hércules? ¿Es Dios Todopoderoso, y después necesita un poco de ayuda extra de nuestra parte? Jesús dijo que tenía TODO el poder. ¡Seguro que eso es suficiente! Quizá sea una buena idea dejar paso al poder de Dios. “Echa sobre Jehová tu carga” (Salmos 55:22).

¿Significa eso que no deberíamos hacer nada? ¡Claro que no! Lejos de eso, usted tiene una parte privilegiada e importante que desempeñar. ¿Cuál es? ¿Qué hacen los encargados de los montacargas? No intentan levantar el peso con sus propias manos, pero tampoco se pasan el día sin hacer nada con las manos en los bolsillos. Saben lo que hacer, y sin ellos la carga nunca se levantaría. ¡Ellos cuelgan el peso en las máquinas elevadoras! Ese es nuestro trabajo. No intente levantar la carga de todos usted solo. Eso solamente lo puede hacer Dios. Nuestra simple tarea es llevar a la gente hasta Él. El evangelio es el poder de Dios para levantar todo el mundo (Romanos 1:16). Hay poder, mucho poder. Jesús así lo dijo (Mateo 28:18).

NO SE NECESITA PODER PARA NO HACER NADA

La visión de los continentes del mundo lavados con sangre solo se puede lograr cuando creemos en Dios y actuamos en consecuencia. No haga nada, y no ocurrirá nada. Dios no necesita darnos visiones inspiradoras para hacer lo que podemos hacer, pero sí para hacer lo que no podemos. Somos buenos siendo ordinarios. Jesús nos escogió para el honor de lo extraordinario. ¡Atrape la visión! La gente dice: "Yo no soy alguien visionario". Pero José, que era un "soñador", no soñó con la tierra prometida. Más bien se apropió para sí de la Palabra de Dios a Abraham, Isaac y Jacob y "dio mandamiento acerca de sus huesos" para que su momia fuera llevada con ellos cuando Israel entrara en Canaán (Hebreos 11:22).

ALGUNAS PERSONAS PIDEN PODER, PERO NO HACEN NADA. BUENO, nadie necesita poder para no hacer nada. Abra su espíritu al Espíritu de Dios, y la visión y el poder llegarán como un río poderoso. Jesús no se sienta con los que están sentados, ni duerme con los dormilones, sino que trabaja con los trabajadores y les concede el poder del Espíritu Santo. Él pone valor en los tímidos conejos y transforma a los pigmeos en gigantes que trabajan junto a la omnisciencia. Jesús cambia nuestros hábitos incorporados, nos llena con su Espíritu Santo y hace que lo imposible sea posible.

EL MUNDO ESTÁ ESPERANDO

"Y (Jesús) les dijo: Id por todo el mundo y predicad el evangelio a toda criatura. El que creyere y fuere bautizado, será salvo; mas el que no creyere, será condenado. Y estas señales seguirán a los que creen: En mi nombre echarán fuera demonios; hablarán nuevas lenguas; tomarán en las manos serpientes, y si bebieren cosa mortífera, no les hará daño; sobre los enfermos pondrán sus manos, y sanarán".

MARCOS 16:15-18

LA BAÑERA NO ES LO SUFICIENTEMENTE GRANDE

Tenemos que volver a aprender no solo cómo predicar el evangelio en las iglesias, sino también redescubrir las autopistas y los senderos por los que van los perdidos. La Gran Comisión de Jesús es para nuestro propio tiempo.

SI QUIERE GANAR ALMAS, NO LANCE SU RED EN UNA BAÑERA. Ahí no hay peces. Como mucho, pescará una pastilla de jabón. Si siente compasión por las almas, arroje su red en un río, el océano o un lago. Tiene que ir donde estén los peces, y eso es dondequiera que Dios le envíe. Si se pregunta dónde está el lago, simplemente salga del santuario, salga de la iglesia y vaya a las calles. Es ahí donde comienza la cosecha. Toda la gente que vea pasar son personas que necesitan a Jesús. Nos hemos acomodado demasiado tras nuestras ventanas de vidriera; necesitamos urgentemente recuperar las autopistas y los senderos.

VIENE LA MAREA

El Espíritu Santo viene como un viento recio, y cuando se predica el evangelio, es con noticias de gran gozo (Lucas 2:10). Este evangelio es como la marea: cuando sube, mueve todo lo que encuentra a su paso. Abre los llamados atascados y los hace flotar por corrientes de grandeza.

YO ME CRIÉ EN LA BOCA DEL RÍO ELBE EN ALEMANIA. CUANDO la marea estaba baja, los chicos jugábamos junto a las barcas encalladas en el barro. En mi mente, era imposible levantarlas o moverlas, pero entonces llegaba la marea. De repente, las barcas flotaban. Podía moverlas del muelle con un pie. Cuando predicamos el evangelio, viene la marea, lo inamovible se vuelve movible, lo incurable curable y lo imposible posible. ¡Confiemos en Dios!

ESPERANZA SIN FONDO

> *Cuando llega la marea, no solo levanta una o dos barcas, sino todas, salvo las que no tienen fondo. Pero hay esperanza incluso para esas barcas; el Espíritu Santo puede arreglarlas. Renovados y restaurados, esos barcos se alzan para un nuevo servicio y ministerio.*

EL PODER DEL ESPÍRITU SANTO PUEDE TRASCENDER NECESIdades individuales y se mueve en familias, comunidades y ciudades. No limite el efecto y el poder del Espíritu Santo. La agenda del Espíritu Santo es siempre mayor que una persona, una familia o incluso una comunidad. Cuando el Espíritu Santo se mueve, es tocada más de una vida. Cuando Pedro fue a casa de Cornelio a ministrar, el Espíritu Santo no solo cayó sobre él sino también sobre toda la casa (Hechos 10). Cuando Felipe ministró al eunuco etíope, toda una nación fue impactada (Hechos 8:26-40).

¡ESCOJA LA FE!

"Y Josué hijo de Nun y Caleb hijo de Jefone, que eran de los que habían reconocido la tierra, rompieron sus vestidos, y hablaron a toda la congregación de los hijos de Israel, diciendo: La tierra por donde pasamos para reconocerla, es tierra en gran manera buena. Si Jehová se agradare de nosotros, él nos llevará a esta tierra, y nos la entregará; tierra que fluye leche y miel. Por tanto, no seáis rebeldes contra Jehová, ni temáis al pueblo de esta tierra; porque nosotros los comeremos como pan; su amparo se ha apartado de ellos, y con nosotros está Jehová; no los temáis".

NÚMEROS 14:6-9

TUMBA VACÍA O APOSENTO ALTO

Moisés dijo: "os he puesto delante la vida y la muerte, la bendición y la maldición; escoge, pues, la vida" (Deuteronomio 30:19). Tiene la opción de enfocarse en las preguntas que llevan a la duda, el desánimo y la muerte o a las respuestas que llevan a la vida, la esperanza y las bendiciones. El Espíritu Santo le da las respuestas y el poder para una vida plena.

DESPUÉS QUE JESÚS RESUCITÓ DE FORMA GLORIOSA DE LA MUERTE, JUAN y Pedro fueron los primeros en entrar en la tumba. Podrían haberse sentado durante un buen rato y examinar como eruditos el ADN del sudario. Si hubieran seguido allí, podrían haber escrito libros científicos para la posteridad. Pero gracias a Dios que salieron de la tumba, encontraron el aposento alto, y allí descendió el fuego.

¿BUSCA HONRAR AL HOMBRE O A DIOS?

No busquemos agradar a los hombres, sino a Dios. Aquel que es inmune a la alabanza del hombre es también inmune a la crítica del hombre. Que el Señor sea su gloria y el que levanta su cabeza.

EL DIABLO JUEGA CON EL MIEDO. ÉL NO PUEDE HACERNOS ningún daño verdadero salvo hacernos pensar que sí puede. El diablo es un artista de la estafa. Balaam fue forzado a decir la verdad (Números 22-24). Él estaba nervioso al ver que no se podía maldecir al pueblo de Dios. Nosotros somos inmunes. Estamos redimidos. Lo mismo que ocurría para el pueblo redimido de Dios en ese tiempo es cierto para los redimidos de hoy. El temor oye el grito de Goliat, pero la fe oye el grito del Rey de reyes.

INMUNIDAD

Contra todos los ataques del diablo, el cristiano lleva el escudo de la fe. Es a prueba de balas. Tenemos inmunidad del control diabólico y disfrutamos de salvación, victoria y libertad. Podemos ser valientes, impregnables mediante la fe en la sangre redentora de Cristo y el Espíritu Santo.

UN CANAL DE NOTICIAS UNA VEZ CRITICÓ A MÍ Y A MI OBRA. Ministros me llamaron y dijeron: "Reinhard, tienes que defenderte". Me puse de rodillas y dije: "Señor, ¿qué debo hacer?". El Espíritu Santo me habló: "Estás encargado de una cosecha combinada en mi campo de cosecha. ¡No te detengas para cazar a un ratón!". En vez de defenderme, siempre hablo de mi siguiente cruzada evangelística. Eso me hace feliz y el diablo se enfurece. El Señor es quien me defiende. Ese día, quiero oír: "Bien, buen siervo y fiel" (Mateo 25:21).

REFLEJE SU GLORIA

La gloria de Dios se reflejaba en las joyas del pectoral del sumo sacerdote (Éxodo 28:15-21). Destellos de colores prismáticos cruzaban las paredes de tela reflejando solo la gloria del Señor. Es un cuadro perfecto. Nosotros no tenemos gloria por nosotros mismos, por muy brillantes y parecidos a las joyas que sean nuestros talentos personales. La única luz verdadera viene de Jesucristo. Somos testigos de esa luz (Juan 1:8) al fijar en Él nuestros rostros y reflejar lo que Jesús era y es. Si no hacemos brillar esa luz en nuestra vida, nadie la verá. Los dones del Espíritu son sus dones, no nuestros talentos o gracias personales.

AL MARGEN DE LO QUE PODAMOS HACER, DE LO QUE PODAMOS SER, SEA LO QUE SEA que debiéramos hacer, ya sea mediante habilidades naturales o sobrenaturales, el Espíritu de Dios debe arder y brillar a través de ello para que pueda haber gloria en la Iglesia mediante Cristo Jesús. "Porque tuyo es el reino, y el poder, y la gloria, por todos los siglos. Amén" (Mateo 6:13).

ES TIEMPO DE IR

"Entonces Felipe, descendiendo a la ciudad de Samaria, les predicaba a Cristo. Y la gente, unánime, escuchaba atentamente las cosas que decía Felipe, oyendo y viendo las señales que hacía. Porque de muchos que tenían espíritus inmundos, salían éstos dando grandes voces; y muchos paralíticos y cojos eran sanados; así que había gran gozo en aquella ciudad".

HECHOS 8:5-8

ESTO NO ES UN SIMULADOR

Al haber leído este libro, usted ha llegado al "cohete de Dios". Todos los motores y sistemas están encendidos y listos para despegar. Pero solo falta un elemento: Usted. ¡Vamos! Entre en la cabina, y deje que el Espíritu Santo le lance en la órbita de los propósitos supremos de Dios.

LOS ASTRONAUTAS PASAN CIENTOS DE HORAS EN SIMULADORES practicando las habilidades técnicas y de vida críticas para el éxito de su misión. Pero un simulador es solo eso, una simulación, no algo real. Al final, los astronautas deben salir de su zona de comodidad y seguridad e ir a la lanzadera para la misión. Del mismo modo, el Espíritu Santo espera lanzarle a su destino. Es tiempo de entrar en la cabina del cohete con el Espíritu Santo, y en la vida maravillosa, llena de milagros y posibilidades.

CRÓNICAS DEL ESPÍRITU SANTO

SECCIÓN 9:

ENTRAR EN UNA VIDA DE FUEGO: CÓMO RECIBIR EL BAUTISMO EN EL ESPÍRITU SANTO

"Acontenció que entre tanto que Apolos estaba en Corinto, Pablo, después de recorrer las regiones superiores, vino a Éfeso, y hallando a ciertos discípulos, les dijo: ¿Recibisteis el Espíritu Santo cuando creísteis? Y ellos le dijeron: Ni siquiera hemos oído si hay Espíritu Santo. Entonces dijo: ¿En qué, pues, fuisteis bautizados? Ellos dijeron: En el bautismo de Juan. Dijo Pablo: Juan bautizó con bautismo de arrepentimiento, diciendo al pueblo que creyesen en aquel que vendría después de él, esto es, en Jesús el Cristo. Cuando oyeron esto, fueron bautizados en el nombre del Señor Jesús. Y habiéndoles impuesto Pablo las manos, vino sobre ellos el Espíritu Santo; y hablaban en lenguas, y profetizaban".

HECHOS 19:1-6

PARTE UNO: EL BAUTISMO EN EL ESPÍRITU SANTO: QUÉ ES

El bautismo en el Espíritu Santo es muy importante para la vida y el ministerio del creyente. Para darle un buen entendimiento bíblico del bautismo del Espíritu Santo, he juntado la secuencia de eventos que marcan la línea del tiempo hasta llegar a Pentecostés y más allá. Estas son las Crónicas del Espíritu Santo.

EL EDICTO

El sonido más maravilloso jamás escuchado estaba a punto de llegar a los oídos de las decenas de miles de personas reunidas en los atrios del Templo en Jerusalén. Se llevaban a cabo los rituales finales de un festival nacional. Todos los ojos seguían a una vasija de oro llena de agua y vino. Una ofrenda de bebida estaba lista para ser derramada ante el Señor.

Un sacerdote alzó la vasija reluciente a la luz del día e hizo una pausa. Se sintió el silencio mientras el pueblo se esforzaba por oír el agua sagrada salpicando en un recipiente de bronce en el altar. Fue entonces cuando se produjo la interrupción: una voz no conocida durante mil años, una voz que causó escalofríos por la espalda. Era la voz de Jesucristo, el Hijo de Dios. Él era la Palabra que había hablado en el principio mandando que existieran el cielo y la tierra. Ahora en Jerusalén, Él se puso de pie y decretó un edicto real y divino, cambiando la dispensación de Dios:

> "Si alguno tiene sed, venga a mí y beba. El que cree en mí, como dice la Escritura, de su interior correrán ríos de agua viva" (Juan 7:37-38).

RÍOS EN EL DESIERTO

"¡Ríos de agua viva!". No botellas, sino ríos, frescos, vivos, centelleantes, abundantes e inagotables. Algunas personas viven de lo que sale de una botella. Los supermercados del mundo tienen muy pocas cosas frescas. El placer empaquetado es un gran negocio, con música, películas y libros enlatados. La televisión proporciona los titulares de la vida para millones de personas mientras ven a otros vivir o fingir que viven. Esto incluso alcanza a los niños, que se han olvidado de cómo jugar.

¡VIVA AHORA!

La gente siempre "va a" vivir... cuando cambien las cosas, cuando termine su jornada laboral, cuando tengan dinero, cuando se casen, se jubilen o se vayan de vacaciones. Jesús vino para darnos vida AHORA. NO HAY QUE ESPERAR sino dondequiera que estemos y en lo que estemos haciendo. Él hace que la vida esté viva.

PIZARRA HISTÓRICA

Dios escribió su plan para Israel mientras estaban en el desierto a lo largo de una pizarra de 40 años de anchura. Los israelitas no tenían que beber agua pasada y sosa de las pieles. El Señor abrió ríos que brotaban de una roca (Éxodo 17:1-7). La ofrenda de bebida del Templo era una celebración en memoria de esa agua del desierto (Números 20:1-13). Jesús, sin embargo, le dio un nuevo y glorioso sentido: un símbolo del derramamiento del Espíritu Santo.

SOLO JESÚS

¡ESTE JESÚS! Nadie más se había atrevido jamás a hacer una afirmación tan asombrosa para después cumplirla. Él ascendería a la gloria, donde comenzó la Creación, y cambió el orden de las cosas. Algo no conocido hasta entonces saldría del cielo hasta la tierra. Él lo llamó "la promesa del Padre" (Hechos 1:4). LA promesa. De más de 8.000 promesas en la Palabra de Dios, designarla como LA promesa hace que destaque de manera singular y significativa. Cristo hizo de ella su propia promesa. El regalo del Padre para Él es el regalo para nosotros, como dijo Juan el Bautista:

> "Y yo no le conocía; pero el que me envió a bautizar con agua, aquél me dijo: Sobre quien veas descender el Espíritu y que permanece sobre él, ése es el que bautiza con el Espíritu Santo. Y yo le vi, y he dado testimonio de que éste es el Hijo de Dios" (Juan 1:33-34).

CUANDO FALLAN LAS PALABRAS

Juan usó una expresión distinta aquí en vez de "ríos de agua viva". Las Escrituras tienen muchos otros términos como: ser bautizado en fuego santo (Mateo 3:11; Lucas 3:16); "investidos de poder" (Lucas 24:49); ungidos con el aceite de Dios; inmersos en el Espíritu; "sean llenos del Espíritu" (Efesios 5:18, NVI); caminar, orar o vivir en el Espíritu (Gálatas 5:25; Romanos 8:26); nuestro cuerpo hecho templo del Espíritu Santo (1 Corintios 6:19); tener "otro Consolador" junto a Cristo mismo (Juan 14:16).

GALERÍA DE ARTE

Estos son bocetos, pero se deben añadir el color y los detalles. La Biblia es una galería de arte del Espíritu Santo en funcionamiento; representa señales, prodigios y milagros. Muestra a hombres mirando como si "hubieran estado con Jesús", el mundo boca abajo y la gente acudiendo a "conocer al Señor" y disfrutar de una nueva experiencia. Estos no eran solo entusiastas religiosos o feligreses, sino una nueva estirpe con una fe vibrante. Pablo dice que Dios "... nos dio vida con Cristo, aun cuando estábamos muertos en pecados..." (Efesios 2:5, NVI) y que somos "... fortalecidos en todo sentido con su glorioso poder" (Colosenses 1:11, NVI). El Señor Jesucristo mismo lo prometió:

> "Pero recibiréis poder, cuando haya venido sobre vosotros el Espíritu Santo" (Hechos 1:8).

Nosotros, como creyentes nacidos de nuevo, somos especiales; somos santos, y el bautismo del Espíritu es la siguiente mejor experiencia de Cristo para nosotros. Solo Jesús lo hizo posible cuando murió, resucitó y se sentó a la diestra de la Majestad en las alturas. ¡Qué regalo!

¿QUIÉN ES EL ESPÍRITU SANTO?

El Señor no envía publicidad mediante un correo celestial para decirnos quién es Él. Las obras realizadas por su Espíritu se ven en la tierra. El Espíritu Santo es una Persona; es Dios en acción. La creación vino cuando "el Espíritu de Dios se movía sobre la faz de las aguas" (Génesis 1:2). Después, cuando Dios escogió a sus siervos, el poder del Espíritu Santo reposó sobre ellos:

> "Moisés les dijo a los israelitas: «Tomen en cuenta que el Señor ha escogido expresamente a Bezalel, hijo de Uri y nieto de Jur, de la tribu de Judá, y lo ha llenado del Espíritu de Dios, de sabiduría, inteligencia y capacidad creativa...Dios les ha dado a él y a Aholiab hijo de Ajisamac, de la tribu de Dan, la habilidad de enseñar a otros" (Éxodo 35:30-31, 34, NVI).
>
> "Y el Espíritu de Jehová vino sobre él [Otoniel], y juzgó a Israel" (Jueces 3:10).
>
> El Espíritu "vistió a Gedeón de poder" (Jueces 6:34, NTV), y Gedeón defendió a Israel (Jueces 6:11-8:35). El Espíritu movió a Sansón a hechos de fuerza sobrenatural (Jueces 13:1-16:31). El Espíritu del Señor descendió sobre Jefté y entregó a los enemigos de Israel en sus manos (Jueces 11:1; 12:7).
>
> Después de estos jueces, el profeta Samuel guió a toda una nación durante toda una vida. ¿Cómo? "Los santos hombres de Dios hablaron siendo inspirados por el Espíritu Santo" (2 Pedro 1:21). El profeta Miqueas testificó: "Mas yo estoy lleno de poder del Espíritu de Jehová" (Miqueas 3:8).

Estos son retratos del Espíritu Santo. Este es ese Espíritu que Cristo prometió: el Espíritu de sabiduría y de conocimiento, creativo, empoderador, sanador, el Espíritu de fortaleza, confianza y virtud.

El poder de Dios no es un tipo de sobrealimentación para personas que ya tienen una gran personalidad y celo, sino para quienes lo necesitan, para los débiles y los desconocidos. "El da esfuerzo al cansado, y multiplica las fuerzas al que no tiene ningunas" (Isaías 40:29).

CUATRO GRANDES CUADROS

Cuatro de los cuadros de la galería bíblica se deberían observar con mucho detenimiento.

EL DESEO DEL PROFETA

El primer cuadro: Moisés pone su mano sobre 70 ancianos en la tienda de reunión, y el Espíritu de Dios descendió sobre ellos. En ese momento en el campamento, Eldad y Medad también fueron investidos y comenzaron a profetizar. Un joven corrió a decírselo a Moisés. Josué pensó que Moisés debía tener el monopolio de la profecía y urgió: "¡Moisés, señor mío, deténlos!". Lejos de objetar, Moisés dijo: "¿Estás celoso por mí? ¡Cómo quisiera que todo el pueblo del Señor profetizara, y que el Señor pusiera su Espíritu en todos ellos!" (Números 11:24-29, NVI).

¡Setenta a la vez! Eso fue lo máximo durante más de 1.200 años. La experiencia era rara, por lo general temporal y solo para individuos. Sin embargo, el deseo de Moisés residió en muchos corazones mientras pasaban largos siglos.

CIELOS CLAROS

El segundo cuadro: el templo que Salomón había construido funcionaba a pleno rendimiento, pero el pecado había debilitado a la nación. Un profeta se puso en pie en Jerusalén, llevando una advertencia de juicio. Mediante el telescopio de la profecía, Joel había visto cielos distantes negros con nubes de guerra, terror y destrucción, con Israel devastada, algo que como sabemos ahora, demostró que Joel era un verdadero profeta. Sin embargo, Joel le estaba diciendo algo más a Israel. Más allá de la tormenta que se avecinaba, él vio cielos claros, no meramente una recuperación, sino una Cosa Nueva maravillosa.

"Después de esto, derramaré mi Espíritu sobre todo el género humano. Los hijos y las hijas de ustedes profetizarán, tendrán sueños los ancianos y visiones los jóvenes. En esos días derramaré mi Espíritu aun sobre los siervos y las siervas. En el cielo y en la tierra mostraré prodigios: sangre, fuego y columnas de humo" (Joel 2:28-30, NVI).

TODOS PRIVILEGIADOS

En aquellos días, las jóvenes esclavas derramaban agua sobre las manos de sus amas para lavarlas, pero Dios prometió derramar de su Espíritu incluso sobre esas siervas. De hecho, esta profecía significaba que el ESPÍRITU SANTO SERÍA DERRAMADO EN TODO EL MUNDO SOBRE TODO TIPO DE PERSONAS al margen de la etapa de su vida.

Esto era sensacional. Lo que un vez Él concedió solo a unos cuantos de sus siervos escogidos sería un privilegio que todos podrían llamar suyo. Era demasiado difícil para muchos de imaginar o creer. Pero Dios lo dijo, y su Palabra permanece para siempre.

UN PROFETA CON VESTIDURAS DE PIELES

El tercer cuadro: Juan el Bautista, con vestiduras de pieles, estaba junto a la orilla del río Jordán. Fue el primer profeta de Dios en 400 años. Las multitudes acudían a oírle y ser bautizados. Su atronador mensaje llamaba a Israel al arrepentimiento y a prepararse porque el tan anhelado que vendría, aparecería.

> "Yo los bautizo a ustedes con agua para que se arrepientan. Pero el que viene después de mí es más poderoso que yo, y ni siquiera merezco llevarle las sandalias. Él los bautizará con el Espíritu Santo y con fuego" (Mateo 3:11, NVI).

NO UN BAUTISTA ORDINARIO

Veinticuatro horas después, entre los candidatos al bautismo, Juan vio a un joven abriéndose paso entre las aguas y se quedó asombrado: "¡TÚ!

¡JESÚS! Yo no soy digno de bautizarte. ¡Tú deberías bautizarme a mí!". Dios había mostrado a Juan que Jesús era el prometido "el que ha de venir" (Mateo 11:3; Lucas 7:19, 20, NVI). Él haría algo mucho mayor que Juan en el Jordán. Jesús el Bautista no usaría un elemento físico, agua, sino fuego del cielo, que es un elemento espiritual. Juan estaba de pie en las frías aguas del Jordán, pero Jesús estaba de pie en un río de fuego líquido. Juan había bautizado durante un periodo corto de tiempo; Jesús bautizaría a través de los siglos, no solo a un grupo el día de Pentecostés, sino a "toda carne". Él lo está haciendo incluso ahora, ¡unos 700.000 días después!

CUMPLIDORES DE LA PROMESA

El cuarto cuadro: por temor a las autoridades que habían ejecutado a Jesús, 120 discípulos se reunieron calladamente. Jesús había dicho: "ustedes quédense en la ciudad [Jerusalén] hasta que sean revestidos del poder de lo alto" (Lucas 24:49, NVI). Se sentaron y esperaron, y el mundo se olvidó de ellos. No ocurrió nada; no se produjeron milagros. Todo parecía muy normal.

DÍAS DE PENTECOSTÉS

Al décimo día era domingo, la fiesta de las Semanas, también llamada Pentecostés. A las nueve de la mañana, un sacerdote del templo levantó el pan de los primeros frutos y lo meció delante del Señor. Como si esto fuera una señal para el Cristo ascendido, un tornado divino recorrió los cielos por encima de Jerusalén.

Jesús mismo había recorrido los cielos en su demoledor y victorioso Ascenso. Ahora, a través de los cielos abiertos se produjo un Descenso. El Espíritu Santo llegó, demostrando que el camino al cielo estaba abierto. Gloria a Dios, ¡que desde entonces no se ha vuelto a cerrar! Cuando el velo del Templo se rasgó al morir Jesús, los sacerdotes probablemente intentaron coserlo de nuevo. Nadie puede coser esta brecha en los cielos, ni siquiera el diablo y todas sus huestes. Es un camino nuevo y vivo, abierto para siempre.

LLAMAS ÁMBAR

Moisés vio a Dios como fuego en la zarza. Ahora a través de esta puerta de gloria, la cual ningún hombre podría cerrar, el mismo fuego, el Espíritu Santo, llegó. Llamas ámbar se posaron con una belleza ardiente sobre la cabeza de cada uno de los discípulos que esperaban. La gloria que llenó todo el cielo ahora inundó el pecho de los allí presentes. El Espíritu Santo estaba en ellos y sobre ellos. Los hombres nunca antes habían experimentado eso. No había palabras para describirlo. Era indescriptible. Entonces Dios les dio palabras, nuevas lenguas y lenguajes para contar "las maravillas de Dios" (Hechos 2:11) como salmistas inspirados.

CONSOLADOS

La explicación es sencilla: los discípulos pertenecían a Cristo. Él así lo dijo, y mientras Él estaba con ellos en la tierra, podían hacer obras maravillosas. Después ascendió con Dios, y ellos se quedaron solos y asustados. Sin embargo, el Señor había hecho una promesa: Él enviaría otro Ayudador, el Espíritu Santo (Juan 14:16).

La palabra "consolador" (*paraclete*) implica "alguien que camina a nuestro lado". Durante tres años y medio, Jesús estuvo con ellos día y noche, enseñándoles y dándoles esperanza para esta vida y la eternidad. Estos campesinos tuvieron noticias consoladoras del Maestro, de Cristo mismo. Pero en su ausencia física en la tierra, iban a necesitar que otra persona hiciera ese papel de Consolador: la tercera Persona de la Trinidad, el Espíritu Santo.

¡EL AYUDADOR ESTÁ AQUÍ!

La palabra "Ayudador" sugiere alguien que está fácilmente disponible para ayudar cuando sea necesario. Jesús había estado junto a ellos durante más de tres años, y Él fue su primer gran Ayudador, Compañero y Consolador. Después esa otra Persona, otro Ayudador, el Espíritu Santo, llegó el día de Pentecostés. Fue como tener a Jesús con ellos de nuevo, y ellos podrían llevar a cabo la Gran Comisión de predicar el evangelio, sanar a los enfermos, echar fuera demonios y hacer maravillas como antes, es decir, la obra de dar testimonio, que es el privilegio y la responsabilidad de toda persona nacida de nuevo (Mateo 28:19, 20; Marcos 16:15-18).

COHEREDEROS

La misma situación ocurre con nosotros. Somos coherederos de la misma promesa. Primero, debemos acudir a Cristo y entregarnos a Él, y después podemos recibir el bautismo de poder. Nuestra vida misma debería ser la evidencia de su Resurrección. Se necesita algo más que palabras; se necesitan personas que manifiesten la plenitud del Espíritu.

METIDOS EN FUEGO

La palabra "bautismo" no tenía originalmente una connotación religiosa. Viene del comercio del teñido de los tejidos. El equivalente en nuestro idioma es "meter algo en". La tela o túnica se mete en el tinte, y la tela absorbe el color o carácter del tinte. Cuando Cristo nos bautiza en el Espíritu, participamos del "color" o carácter del Espíritu, participantes de la naturaleza divina (2 Pedro 1:4). El Espíritu está en nosotros, y nosotros en el Espíritu. Somos personas del Espíritu Santo. ¡Metidas en Fuego!

EL BAUTISMO Y OTRAS OBRAS

SALVACIÓN Y MÁS

Recibimos la salvación y nacemos de nuevo mediante el Espíritu Santo, pero ese no es el final de su obra. Sus actividades son múltiples. Él nos da poder para dar testimonio. El bautismo en el Espíritu significa que la gente salvada por gracia y nacida de nuevo puede tener nuevas experiencias y ser testigos de Cristo vigorizados por el Espíritu.

NO ES UNA OPCIÓN

¿Cuán necesario es el bautismo del Espíritu Santo? Fue vital incluso para los discípulos que habían sanado enfermos y echado fuera demonios.

Eso fue posible solo mientras Cristo estaba a su lado. El Señor Jesús les dijo que esperasen hasta que fueran investidos con el Espíritu antes de salir a los campos para su servicio. María, la madre de Cristo, fue un ejemplo. Ella ciertamente había conocido al Espíritu Santo en su vida para dar a luz a Jesús, pero ella también esperó en Jerusalén para esta otra obra del Espíritu, llamada "la promesa del Padre". Si ella la necesitó, todos nosotros la necesitamos (Hechos 1:4).

INVESTIDOS DE PODER

No fue solo ver a Jesús o escuchar su voz lo que convirtió a los discípulos en las grandes personas que eran, porque "algunos creyeron y otros dudaban" (Mateo 28:17; Marcos 16:13, 14; Lucas 24:41), sino que ocurrió mediante el bautismo del Espíritu Santo. Ellos cerraban la puerta cuando se reunían por temor a los judíos (Juan 20:19). Ciertamente, no gritaban en las calles: "¡Jesús está vivo!". Se reunían en secreto, al principio lejos, en Galilea, e incluso volvieron a la pesca (Juan 21). Todo eso cambió, no obstante, el día de Pentecostés. En vez de tener miedo de las multitudes judías, las multitudes temblaban ante ellos y clamaban: "Hermanos, ¿qué debemos hacer?" (Hechos 2:37, NVI). Esto fue lo que Jesús dijo:

> "Pero, cuando venga el Espíritu Santo sobre ustedes, recibirán poder y serán mis testigos…hasta los confines de la tierra" (Hechos 1:8, NVI).

CÓMO SUCEDIÓ LA PRIMERA VEZ

UN ESTRUENDO DEL CIELO

Ahora veamos de nuevo el cuarto cuadro:

> "Cuando llegó el día de Pentecostés, estaban todos unánimes juntos. Y de repente vino del cielo un estruendo como de un viento recio que soplaba, el cual llenó toda la casa donde estaban sentados; y se les aparecieron lenguas repartidas, como de

fuego, asentándose sobre cada uno de ellos. Y fueron todos llenos del Espíritu Santo, y comenzaron a hablar en otras lenguas, según el Espíritu les daba que hablasen" (Hechos 2:1-4).

NINGUNA PROMESA VACÍA

¡Qué poder y gloria divinos! Este segundo capítulo de Hechos es ruidoso y está cargado de acción. El Padre celestial no hace promesas vacías, solo para que nos llenemos de esperanza y después reírse de nosotros. Cristo había dicho: "Vayan por todo el mundo..." (Marcos 16:15, NVI). El momento en que esas "lenguas de fuego" tocaron sus cabezas puso en ellos el "vayan". Dios actuó, y después ellos actuaron. La acción divina provocó una reacción humana, razón por la cual este libro se llama los Hechos de los Apóstoles.

LA SALIDA

Hubo una llenura del cielo, y tenía que haber una salida. "De su interior correrán ríos" (Juan 7:38), no solo "en". Esto no fue para provocar una satisfacción emocional. Los discípulos no dijeron: "Tengamos una reunión de oración para tener este tipo de poder todas las semanas". Nunca más volvieron a pedir poder para ellos, porque sabían que ya lo tenían. El apóstol Pedro dijo al paralítico de la puerta llamada Hermosa: "lo que tengo te doy" (Hechos 3:6, NVI).

EVANGELIO DE FUEGO

Ellos tampoco se sentaron, nombraron un director y pasaron resoluciones sobre problemas sociales. ¡No pudieron contenerse! Tenían que estar levantados y actuando. Pedro se levantó, vigorizado. Y la era cristiana comenzó; el mundo escuchó el primer sermón del evangelio. Por supuesto, fue un evangelio de fuego.

EVANGELISMO FRUCTÍFERO

¿El resultado? Tres mil personas recibieron salvación. Esa fue la razón de Pentecostés. De hecho, la Trinidad, la Divinidad completa, puso en acción los planes de salvación y evangelismo. El Padre se unió al Señor ascendido para enviar al Espíritu para salvar a un mundo perdido (Isaías 48:16). Ese es el principal propósito del bautismo en el Espíritu. Eso es lo que Dios está haciendo: salvar personas. ¿Qué estamos haciendo nosotros? Este bautismo no es para que nos emocionemos, sino para ayudarnos a trabajar junto al Señor. Sabemos por qué vinieron Jesús y el Espíritu Santo. ¿Por qué estamos NOSOTROS aquí?

LA DIFERENCIA DEL ESPÍRITU SANTO

¡Qué día tan maravilloso fue el de Pentecostés! "Ríos" fluyeron que finalmente inundaron el Imperio Romano. La gente suspira y anhela estar en los días de la iglesia primitiva, pero no fueron ni los días ni los hombres lo que hicieron que esos tiempos fueran especiales. Fue el bautismo en el Espíritu Santo. Sin él, los discípulos probablemente habrían regresado a pescar en Galilea y se habrían jubilado contando historias de extraños eventos de su juventud. En su lugar, cambiaron el mundo. Ese bautismo es para todos hoy.

PARA HOY

Algunas personas quieren privarse hoy, diciendo que el bautismo en el Espíritu con señales fue solo para los primeros creyentes "hasta que la Iglesia comenzara a funcionar"; sugieren que tenemos que apañarnos sin los dones milagrosos de aquellos creyentes. Eso convertiría a los primeros cristianos en un grupo de élite, como si nosotros no pudiéramos ser cristianos del modo en que ellos lo fueron. Sin embargo, no hay una sola palabra en la Biblia que sugiera algo así. Es una teoría inventada por la incredulidad. De hecho, cuando Pablo fue a Éfeso veinte años después de que la Iglesia estuviera ya bien plantada, doce personas fueron bautizadas en el Espíritu (Hechos 19:6-7).

PENTECOSTÉS PARA TODAS LAS GENERACIONES

Cada generación necesita Pentecostés. En el año 30 d.C., la población mundial era de cien millones. Actualmente es de más de siete mil millones, y crece rápidamente. Diez veces más personas hoy que en el primer siglo no conocen a Jesús. La Iglesia sigue necesitando plantar. La incredulidad y una completa ignorancia de Dios existen en todas partes. Seguramente nuestra necesidad de poder del Espíritu Santo es mucho más desesperada.

Por lo tanto, quiero explicarle cuidadosamente, según la Biblia, por qué y cómo ese mismo bautismo es para nosotros hoy. Lea lo que Pedro predicó a la multitud el día de Pentecostés, bajo la unción del Espíritu, cuando explicó quién podía ser bautizado en el Espíritu Santo:

> "Porque para vosotros es la promesa, y para vuestros hijos, y para todos los que están lejos; para cuantos el Señor nuestro Dios llamare" (Hechos 2:39).

PARA USTED

Primero, Pedro dijo que es "para vosotros", las personas a las que acababa de acusar, diciendo: "prendisteis y matasteis [a Jesús] por manos de inicuos, crucificándole" (Hechos 2:23). Sin embargo anunció: "Arrepiéntase y bautícese cada uno de ustedes en el nombre de Jesucristo para perdón de sus pecados —les contestó Pedro—, y recibirán el don del Espíritu Santo" (Hechos 2:38, NVI). Estas eran las mismas personas que Jesús había llamado "generación mala" (Lucas 11:29), "incrédula y perversa" (Mateo 17:17; Lucas 9:41).

PARA SUS HIJOS

Segundo, él dijo que es "para vuestros hijos", la siguiente generación. Algunas personas no serían padres hasta después. Podría ser que cien años después del día de Pentecostés, personas recibirían esta bendición y hablarían en lenguas. Una mujer mencionada en Lucas 2:36 había sido viuda durante 84 años. Sin embargo, la palabra "hijos" se refería no solo a su familia, sino también a sus descendientes, es decir, los hijos de Israel.

PARA TODOS LOS QUE ESTÁN LEJOS

Tercero, Pedro dijo, "para todos los que están lejos", es decir, en tiempo y distancia, hasta los confines de la tierra donde Cristo había comisionado a la Iglesia que llevara el evangelio (Mateo 28:19-20; Marcos 16:15-16). Esto tomaría muchos años, muchos más de lo que duraría la era apostólica. Nueva Zelanda, por ejemplo, sería uno de los confines de la tierra; ningún misionero llegó allí hasta 1814. Sin duda, la tarea no está completa ni siquiera hoy; por lo tanto, aún necesitamos ese mismo poder.

PARA CUANTOS EL SEÑOR NUESTRO DIOS LLAMARE

Cuarto, Pedro dio en el clavo: "para cuantos el Señor nuestro Dios llamare". Esos a los que "Dios llamare" son lo que acuden a Cristo. "Nadie puede venir a mí si no lo atrae el Padre que me envió" (Juan 6:44, NVI). Todos los creyentes son llamados y tienen la promesa del mismo don del Espíritu Santo que Pedro y sus 119 amigos acababan de recibir. Haga lo que hicieron los discípulos, y obtendrá lo que obtuvieron los discípulos. Crea que las promesas de Dios se nos dan a todos: "No os embriaguéis con vino… antes bien sed llenos del Espíritu" (Efesios 5:18).

DIRECTO DESDE JESÚS

Solo Jesús es el Bautizador, nadie más. No se conforme con una experiencia de segunda mano. Tenga su propio Pentecostés. No intente recibirlo de la experiencia de ninguna otra persona en una reunión carismática. El fuego del Espíritu Santo no llegó en una llama grande y general para que todos pudieran reunirse y calentarse, realizando cómodas conferencias. Más bien, llegó en "lenguas" separadas, en llamas "asentándose sobre cada uno de ellos" (Hechos 2:3). Esto fue muy importante. Esas lenguas de fuego eran de hecho estaciones eléctricas potentes y portátiles que se movían con las personas dondequiera que fueran.

REBOSANTES DEL ESPÍRITU

Vivimos en un mundo espiritualmente oscuro y frío. La mejor forma de no congelarse es estar rebosante del Espíritu Santo. Dios encenderá un fuego sobre el altar de su propio corazón para que pueda ser un encendedor. Caliente a otros; no dependa de que otros le calienten a usted.

PARTE DOS:
EL BAUTISMO EN EL ESPÍRITU SANTO: CÓMO RECIBIRLO

Usted pensaría que un don tan precioso como el Espíritu Santo debería ser algo difícil de recibir; pero por el contrario, es bastante sencillo. Ahí donde usted está ahora puede recibir el bautismo en el Espíritu Santo. En esta sesión, le doy unas enseñanzas sencillas sobre cómo recibir el Espíritu Santo.

CREER EN EL DADOR

Miles de personas acuden a nuestras campañas como incrédulos. Algunas de ellas están realmente muy lejos de Dios: gente malvada, inmoral, adicta, atada por el ocultismo y trabajando mucho por religiones que no hacen nada por ellos. Primero deben recibir la salvación. Pablo dijo a los convertidos de su día: "pero fueron limpiados" (1 Corintios 6:11, NTV). Quizá espíritus inmundos antes habían ocupado sus cuerpos. Sin embargo, vemos a cientos de miles de personas así convertirse en templos del Espíritu Santo. ¿Cómo? Solo hay dos condiciones: una, arrepentimiento, y dos, fe en el Señor Jesucristo.

> "Pedro les dijo: Arrepentíos, y bautícese cada uno de vosotros en el nombre de Jesucristo para perdón de los pecados; y recibiréis el don del Espíritu Santo" (Hechos 2:38).

ARREPENTIMIENTO

Jesús dijo: "Y yo le pediré al Padre, y él les dará otro Consolador... a quien el mundo no puede aceptar" (Juan 14:16-17, NVI). Pedro dijo: "Así que, arrepentíos y convertíos, para que sean borrados vuestros pecados; para que vengan de la presencia del Señor tiempos de refrigerio. Arrepentíos... para perdón de los pecados; y recibiréis el don del Espíritu Santo" (Hechos 3:19; 2:38).

UN DON SANTO

El Espíritu Santo es un Ser santo. La Biblia usa la imagen de una paloma para el Espíritu Santo. Una paloma es un animal limpio; no hace sus nidos en un estercolero. El Espíritu Santo no se asentará en una vida pecaminosa; es demasiado sensible. Las aguas celestiales no fluyen a través de canales sucios, ni tampoco a través de mentes sucias ni bocas sucias.

LAVADOS CON LA SANGRE

El Espíritu Santo es solo para los hijos e hijas de Dios lavados con la sangre. Nadie puede ser lo suficientemente bueno hasta que sea lavado en la fuente del Calvario. La sangre viene antes que el fuego. No es necesaria ni posible ninguna otra limpieza. No podemos hacernos a nosotros mismos más santos ni más dignos de lo que nos hace la sangre de Jesús. El Espíritu Santo es un don y no nos lo podemos ganar.

FE

"En realidad, sin fe es imposible agradar a Dios, ya que cualquiera que se acerca a Dios tiene que creer que él existe y que recompensa a quienes lo buscan" (Hebreos 11:6, NVI).

> "¡Gálatas torpes!... ¿Recibieron el Espíritu por las obras que demanda la ley, o por la fe con que aceptaron el mensaje?" (Gálatas 3:1-2, NVI).

ACUDA CON VALENTÍA

Acudir a Jesús rogando y suplicando no es tener fe en absoluto. LA FE CONLLEVA APODERARSE. No tiene que persuadir a Jesucristo para que sea bueno y le bautice con su fuego santo. Él ya lo ha prometido. Acuda con valentía para recoger lo que Él le está ofreciendo. Es un regalo, y debe creer en el Dador si quiere acercarse a recibir lo que el Dador le está dando.

NO MÁS ESPERA

¿Y qué de "esperar en Jerusalén"? Jesús dijo a los discípulos que esperaran, pero entonces el Espíritu Santo "no había sido dado, porque Jesús no había sido glorificado todavía" (Juan 7:39, NVI). Ellos tuvieron que esperar el momento histórico. PERO AHORA ÉL ESTÁ AQUÍ. Pentecostés es un hecho, y usted puede experimentarlo personalmente. No tenemos reuniones para rogar, solamente reuniones para recibir. A Jesús le encanta cumplir su Palabra en nuestras vidas. Somos creyentes, no mendigos.

EL LENGUAJE SANTO

Cuando recibimos el bautismo original del Espíritu, seguirán las señales originales.

> "Todos fueron llenos del Espíritu Santo y comenzaron a hablar en diferentes lenguas, según el Espíritu les concedía expresarse" (Hechos 2:4, NVI).

¿Cómo? Los 120 discípulos estaban alabando al Señor. Entonces vino "un viento recio" (Hechos 2:2) y las lenguas de fuego, y sus corazones explotaron de gozo. Abrieron sus bocas para hablar, y el Espíritu les hizo hablar en lenguas desconocidas para ellos. Así de fácil.

EL MISMO EFECTO

Si recibimos el mismo bautismo, debe tener el mismo efecto. Jesús el Bautizador no ha cambiado, ni tampoco sus métodos. En el reino de Dios, nosotros no somos copias de copias, sino originales del Original, JESUCRISTO. Cuando experimentamos el bautismo en el Espíritu Santo, no recibimos las sobras sino la experiencia original.

LENGUAS

La habilidad de hablar en lenguas se menciona durante todo el libro de Hechos:

"Los defensores de la circuncisión que habían llegado con Pedro se quedaron asombrados de que el don del Espíritu Santo se hubiera derramado también sobre los gentiles, pues los oían hablar en lenguas y alabar a Dios" (Hechos 10:45-46, NVI).

Hablar en lenguas fue algo que tomó el apóstol como una evidencia del bautismo en el Espíritu Santo. Simón el mago "vio" esta manifestación sobrenatural del Espíritu (Hechos 8:17-19). Pablo recibió el bautismo (Hechos 9:17) y dijo que él hablaba en lenguas (1 Corintios 14:18). En otras ocasiones, se narra lo mismo: Hechos 11:17; 13:52; 19:6.

El día de Pentecostés, Pedro explicó lo que estaba sucediendo citando a Joel (Hechos 2:17-19). Joel había profetizado que la gente profetizaría. Cuando hablaron en lenguas, Pedro dijo: "Esto es lo dicho" (Hechos 2:16). Hablar en lenguas, cuando se interpreta, es profecía.

UNA SEÑAL TANGIBLE

¿Qué mejor señal podría dar Dios para que confiemos en que el Espíritu Santo está dentro de nosotros y sobre nosotros cuando salimos a predicar el evangelio? Cuando nos sentimos débiles y temerosos y presionados como le pasaba a Pablo (1 Corintios 2:3), la maravilla de las lenguas nos da confianza. Sin algo de manifestación externa, podríamos orar durante horas sin tener seguridad, y eso es exactamente lo que ha ocurrido.

EL CÓDIGO SECRETO DEL ESPÍRITU SANTO

¡Qué cosa tan maravillosa! Pablo describió el hablar en lenguas como contar los secretos de Dios (1 Corintios 14:2). Las lenguas es el único lenguaje que el diablo no puede entender. El experto en confusión está totalmente confundido, porque ni siquiera conoce el abecedario del Espíritu Santo. Satanás no puede descifrar el código secreto del Espíritu Santo, el cual nos pone en contacto con el trono del cielo.

HECHOS PARA ORAR

Nuestros cuerpos son "templo del Espíritu Santo" (1 Corintios 6:19, NVI). Jesús dijo que un templo era una casa de oración (Mateo 21:13;

Marcos 11:17). Si nuestros cuerpos son templos, casas de oración en las que habita el Espíritu Santo, entonces Él orará a través de nosotros haciendo oraciones puras y poderosas que lleguen al trono de Dios. Al Espíritu le encanta orar, y por eso a quienes están llenos del Espíritu les encanta orar. No es una tarea amarga, sino un glorioso placer y privilegio. Jesús dijo: "Pero cuando venga el Espíritu de verdad... Él me glorificará" (Juan 16:13, 14).

UNA SEÑAL DE PENTECOSTÉS

Cuando Salomón dedicó el Templo, la luz del *"shekiná"*, la gloria visible de Dios, brilló sobre el propiciatorio de oro del lugar santísimo. Después de orar, toda la zona, el lugar santo y los atrios, se llenaron de la gloria de tal forma que los sacerdotes no podían entrar, y se caían al suelo en adoración y acción de gracias (2 Crónicas 7:1-3). Ese es un cuadro del Antiguo Testamento.

CASA LLENA

Si somos salvos, la luz de Cristo mora en el santuario del interior de nuestro corazón, pero cuando oramos por el Espíritu Santo, Él recorre y llena todo nuestro ser: espíritu, alma, mente y cuerpo. Él inunda y bautiza toda nuestra personalidad.

PIDA, BUSQUE, LLAME

Finalmente, pedir; eso es todo. Cuando somos limpiados por la sangre redentora de Jesús, somos hijos de Dios. El bautismo en el Espíritu Santo se convierte en nuestra primogenitura. Jesús nos anima especialmente sobre ese don: "Pedid... buscad... llamad... Porque todo aquel que pide, recibe; y el que busca, halla; y al que llama, se le abrirá" (Lucas 11:9-10). "Pero pida con fe, no dudando nada" (Santiago 1:6).

NINGÚN IMPOSTOR

Lo que recibamos será solo de Dios. El diablo nunca responde a las oraciones hechas en el nombre de Jesús. Él no tiene manera de sintonizar con nuestra línea directa al cielo si le pedimos al Padre celestial el Espíritu Santo. Ningún sucio demonio puede suplantar al Espíritu Santo y llegar con su disfraz. Lea Lucas 11:11-13 (NVI).

> "¿Quién de ustedes que sea padre, si su hijo le pide un pescado, le dará en cambio una serpiente? ¿O, si le pide un huevo, le dará un escorpión? Pues, si ustedes, aun siendo malos, saben dar cosas buenas a sus hijos, ¡cuánto más el Padre celestial dará el Espíritu Santo a quienes se lo pidan!".

Esta es la respuesta final. No podríamos tener una seguridad más explícita que esta.

LO QUE USTED DEBE HACER AHORA

Ahora que ha leído este libro, sabe lo que el Señor pretende hacer en su vida: bautizarle con el Espíritu Santo. Recuerde que JESÚS, y solo JESÚS, es el que bautiza (Juan 1:33). Y Él está con usted en este preciso instante.

Si ha recibido a Jesús como su Señor y Salvador personal, sus pecados han sido perdonados. Usted ha sido lavado con la sangre del Cordero de Dios, limpiado de todos sus pecados, con lo cual es apto para recibir este don glorioso. Ni siquiera tiene que esperar a ninguna reunión especial de la iglesia. Jesús está con usted en este mismo momento. Comience a alabar su nombre.

Adore al Señor, alabe su nombre y Jesucristo le bautizará con el Espíritu Santo y con fuego.

Lo que tenía la iglesia primitiva es tanto para usted como para cualquier persona, porque Jesús le ama. Recuerde que Jesús no necesita que le persuada para hacer esto. Él no necesitó que le persuadiera para amarle, y le ama lo suficiente como para bautizarle con el Espíritu Santo, ahora... AHORA MISMO.

¡Permita que suceda!

Y ahora, querido Señor Jesús, permite que me suceda lo que les sucedió a los 120 discípulos cuando fueron llenos del Espíritu Santo. Según he leído en Marcos 16:20: "Y ellos, saliendo, predicaron en todas partes, ayudándoles el Señor y confirmando la palabra con las señales que la seguían. Amén". No esperaré, sino que humildemente acepto tu poder, dirección y corrección. Gracias por tu unción. Permite que mis labios mortales prediquen el evangelio eterno, y mis manos mortales construyan tu Reino eterno, para la gloria del Padre. Que todo el mundo sea salvo. En el nombre de Jesús.